L&PM POCKET ENCYCLOPAEDIA

Alexandre, o Grande

SÉRIE **L&PM**POCKET**ENCYCLOPÆDIA**

Alexandre, o Grande – Pierre Briant
Budismo – Claude B. Levenson
Cabala – Roland Goetschel
Capitalismo – Claude Jessua
Cérebro – Michael O'Shea
China moderna – Rana Mitter
Cleópatra – Christian-Georges Schwentzel
A crise de 1929 – Bernard Gazier
Cruzadas – Cécile Morrisson
Dinossauros – David Norman
Economia: 100 palavras-chave – Jean-Paul Betbèze
Egito Antigo – Sophie Desplancques
Escrita chinesa – Viviane Alleton
Existencialismo – Jacques Colette
Geração Beat – Claudio Willer
Guerra da Secessão – Farid Ameur
História da medicina – William Bynum
Império Romano – Patrick Le Roux
Impressionismo – Dominique Lobstein
Islã – Paul Balta
Jesus – Charles Perrot
John M. Keynes – Bernard Gazier
Kant – Roger Scruton
Lincoln – Allen C. Guelzo
Maquiavel – Quentin Skinner
Marxismo – Henri Lefebvre
Mitologia grega – Pierre Grimal
Nietzsche – Jean Granier
Paris: uma história – Yvan Combeau
Primeira Guerra Mundial – Michael Howard
Revolução Francesa – Frédéric Bluche, Stéphane Rials e Jean Tulard
Santos Dumont – Alcy Cheuiche
Sigmund Freud – Edson Sousa e Paulo Endo
Sócrates – Cristopher Taylor
Tragédias gregas – Pascal Thiercy
Vinho – Jean-François Gautier

Pierre Briant

Alexandre, o Grande

Tradução de Rejane Janowitzer

www.lpm.com.br

L&PM POCKET

Coleção **L&PM** POCKET, vol. 862

Pierre Briant é professor do Collège de France e ministra a cadeira de história e civilização aquemênida e do império de Alexandre.

Texto de acordo com a nova ortografia.

Título original: *Alexandre le Grand*

Primeira edição na Coleção **L&PM** POCKET: abril de 2010
Esta reimpressão: maio de 2011

Tradução: Rejane Janowitzer
Capa: Ivan Pinheiro Machado. *Ilustração*: "Alexandre, o Grande" (1655), pintura de Rembrandt Harmensz van Rijn (1606-1669), óleo sobre tela, 137,8 x 104,5 cm. Akg-Images/Latinstock/André Held.
Preparação de original: Lucia Maria Goulart Jahn
Revisão: Lia Cremonese e Jó Saldanha

CIP-Brasil. Catalogação-na-Fonte
Sindicato Nacional dos Editores de Livros, RJ

B86A

Briant, Pierre, 1940-
Alexandre, o Grande / Pierre Briant ; tradução de Rejane Janowitzer. - Porto Alegre, RS : L&PM, 2011.
128p. : il. – (Coleção L&PM POCKET ; v.862)

Tradução de: *Alexandre le Grand*
Inclui bibliografia
ISBN 978-85-254-2003-9

1. Alexandre, o Grande, 356-323 a.C. 2. Alexandre, o Grande, 356-323 a.C. - Viagens - Turquia. 3. Alexandre, o Grande, 356-323 a.C. - Liderança militar. 4. Grécia - Reis e governantes - Biografia. I. Janowitzer, Rejane. II. Título. III. Série.

10-0724. CDD: 923.1
CDU: 929:320

Rua Comendador Coruja, 314, loja 9 – Floresta – 90220-180
Porto Alegre – RS – Brasil / Fone: 51.3225.5777 – Fax: 51.3221-5380

Pedidos & Depto. comercial: vendas@lpm.com.br
Fale conosco: info@lpm.com.br
www.lpm.com.br

Impresso no Brasil
Outono de 2011

Sumário

Prólogo

Este livro não é uma biografia. Ele tenta apresentar os principais aspectos de um fenômeno histórico que não pode ser reduzido apenas à pessoa de Alexandre, seja qual for a importância que se dê ao aspecto pessoal. A elaboração deste livro é resultado também de uma escolha deliberada. O relato propriamente dito da conquista se concentra em um único capítulo introdutório, que permitirá ao leitor conhecer as suas grandes fases cronológicas. O essencial da narrativa é dedicado ao exame das principais questões que naturalmente se apresentam: as origens da conquista e os objetivos de Alexandre; a natureza e a importância das resistências; a organização dos territórios conquistados; as relações entre conquistadores e populações conquistadas.

Nota preliminar à sexta edição

Na mesma medida que as demais ciências humanas e sociais, a história da Antiguidade não permanece estanque em certezas inexpugnáveis. Alimentada e acrescida a cada ano por uma impressionante bibliografia, a história de Alexandre não escapa a esses questionamentos. Eles não apenas procedem de publicações documentais, infelizmente raras nesse campo, mas estão ligados, talvez principalmente, à profunda renovação que a história do império aquemênida[1] tem conhecido atualmente – renovação que, em si mesma, induz a uma visão diferente dos

1. Pode-se ter uma ideia consultando meu *Bulletin d'histoire achéménide*, II, Paris, Ed. Thotm, 2001 (primeiro fascículo publicado no Suplemento 1 da revista *Topoi* [Lyon], p. 5-125), e no site http://www.achemenet.com.

feitos de Alexandre, dessa forma recolocados dentro do contexto da história do Oriente Médio do primeiro milênio e liberados do postulado helenocêntrico por muito tempo hegemônico. Tal movimento é ilustrado, por exemplo, pela consulta cada vez mais sistemática a documentos babilônios e egípcios a fim de analisar a política adotada por Alexandre na Babilônia e no Egito e as respostas dadas pelas aristocracias locais; ao mesmo tempo, assiriólogos e egiptólogos manifestam um interesse crescente pelos períodos que estiveram por muito tempo relegados apenas à análise dos "classicistas".

Esta sexta edição não modifica a arquitetura do livro, tal como foi elaborada desde a primeira edição, publicada em 1974. Como nas revisões precedentes publicadas regularmente desde então, inseri um certo número de reescritos pontuais, nos casos em que minha apresentação já não me parecia pertinente devido à existência de documentos novos e interpretações a eles relacionadas[2], mas também, evidentemente, por causa da evolução de minha reflexão e de minhas pesquisas em curso (especialmente sobre a historiografia de Alexandre: cf. p. 80-82). Encontraremos também uma atualização dos instrumentos de trabalho e da bibliografia, efetuada de forma necessariamente seletiva, pois além de o espaço ser limitado, principalmente, nem todas as publicações interpretativas recentes são realmente novas.

Com efeito, o crescimento exponencial da bibliografia não deve induzir a um erro de perspectiva. É preciso sempre salientar que nossos conhecimentos acerca das conquistas de Alexandre são restritos e incertos, por causa, principalmente, da inadequação do corpus docu-

2. Mas deixei de lado documentos cuja datação sob Alexandre permanece discutível, como documentos aramaicos de Idumeia ou uma cunhagem de Mazday (ver meu *Bulletin*, I, p. 62; II, p. 99, e meu *Darius dans l'ombre d'Alexandre*, Paris, 2003, p. 62-84).

mental, tanto em termos de quantidade quanto de qualidade. As fontes narrativas greco-romanas disponíveis, em grego (Diodoro, Plutarco, Arriano) ou em latim (Quinto Cúrcio, Justino), foram redigidas entre dois e quatro séculos depois de Alexandre, e nenhum dos que adotamos o deplorável costume de denominar "historiadores antigos de Alexandre" é um historiador no sentido que entendemos hoje em dia, seja do ponto de vista do método, ou da concepção e da forma. De resto, se colocarmos à parte a Macedônia propriamente dita[3], as fontes arqueológicas de seu reino datadas com precisão são quase inexistentes, e os documentos iconográficos mais célebres (o *Mosaico de Nápoles* e o *Sarcófago de Alexandre*) foram executados depois da morte do conquistador, representando sua figura heroica, em função de uma interpretação já canônica.[4] Apenas as fontes numismáticas são abundantes, e seu interesse é especialmente decisivo uma vez que trabalhos recentes permitiram apresentar sobre o tema um estudo global e coerente[5] – muito embora as incertezas permaneçam.[6] Pode-se também registrar a publicação recente de documentos escritos, datados do final do período aquemênida e do reinado de Alexandre, e provenientes de regiões

3. Não considerei útil introduzir aqui uma discussão sobre as descobertas feitas na necrópole real de Vergina. Ela teria sido necessariamente sumária e mal integrada em um livro voltado prioritariamente à problemática da conquista.

4. Sobre as fontes literárias e seus limites, e sobre sua complementaridade eventual com fontes iconográficas, ver o conjunto do meu livro *Darius dans l'ombre d'Alexandre* (Paris, 2003), sobretudo p. 227-247, sobre o mosaico de Nápoles e suas interpretações modernas.

5. Ver G. Le Rider, *Alexandre le Grand. Monnaie, finance, politique*, Paris, PUF, 2003.

6. Ver, por exemplo, o interessante trabalho de F. L. Holt, *Alexander the Great and the Mystery of Elephant Medaillons*, University of California Press, 2003.

do leste iraniano até então praticamente desprovidas de qualquer documentação arquivística.[7] Junto com outros documentos aramaicos provenientes da região do Trans-Eufrates, de tabuletas cuneiformes da Babilônia e de documentos demóticos[8] do Egito, esses conjuntos documentais postulam e favorecem a inserção do reinado de Alexandre no decurso da história dos povos e países do Oriente Médio antigo.[9]

Pode-se dizer que este pequeno livro tem menos por objetivo expor saberes indestrutíveis do que apresentar as incertezas, por vezes profundas, que continuam a pesar sobre interpretações ainda apresentadas aqui e ali como evidências, impostas pela autoridade muito facilmente reconhecida dos "historiadores antigos de Alexandre". O historiador de hoje deve também se proteger de outro risco metodológico, que é o de ficar sistematicamente na posição contrária à dos autores antigos, pintando de Alexandre um retrato detestável, tão pouco confiável, globalmente, quanto sua apresentação heroico-hagiográfica.[10]

---

7. Cf. S. Shaked, *Le satrape de Bactriane et son gouverneur. Documents araméens du IVe siècle av. n. è. provenant de Bactriane*, Paris, De Boccard, col. "Persika 4", 2004.

8. Relativos à escrita do Egito Antigo. (N.T.)

9. Cf. as Atas do Colóquio internacional sobre *La Transition entre l'Empire achéménide et les royaumes hellénistiques (c. 350-300 av. J.-C.)*, Collège de France, 22-23 de novembro de 2004, em vias de publicação.

10. Sobre polêmicas recentes, ver por exemplo *Ancient History Bulletin*, 13/2-4, 1999, p. 39-55; 111-117; 136-140, e meu trabalho "'Alexandre et l'hellénisation de l'Asie': l'histoire au passé et au présent", *Studi Ellenistici*, XVI, 2005, p. 9-69.

ALEXANDRE ANTES DO DESEMBARQUE NA ÁSIA MENOR (356 A.C.-334 A.C.)

Alexandre nasceu em julho de 356 a.C., em Pella, capital do reino macedônio, da união entre a princesa Olímpia, filha do rei dos molossos[1], e de Felipe II, rei da Macedônia após a morte do rei Pérdicas, em 359 a.C. Muito foi escrito sobre a herança psicológica de Alexandre, mas quem pode dizer o que no seu temperamento ele deve aos pais? Seu primeiro mestre foi um parente de Olímpia, Leônidas, que tinha sob sua direção uma coorte de preceptores. Mas os métodos brutais de Leônidas não tiveram o sucesso esperado. Então Felipe recorreu a Aristóteles, que abrira uma escola em Mitilene de Lesbos, depois de passar algum tempo com o tirano Hérmias de Atarneia, na Ásia Menor. Aristóteles foi durante três anos (343-340 a.C.) o preceptor de Alexandre e de outros colegas da sua idade, em Mieza. Lamentavelmente, é arriscado determinar a influência que Aristóteles teve sobre Alexandre; parece, contudo, que vários autores modernos tenderam a superestimá-la. É provável, como destacou U. Wilcken, que Aristóteles tenha posto Alexandre em contato próximo com a cultura grega, mas também é preciso não esquecer que a corte macedônia já era aberta aos artistas gregos há várias gerações. Alexandre tinha verdadeira paixão pelos grandes monumentos da literatura grega, especialmente pela *Ilíada*.

Alexandre muito cedo foi associado ao poder e às responsabilidades de seu pai. Em 340 a.C., ao partir para

1. Habitante da Molóssia, região do Epiro, ao norte do golfo de Ambrácia, na Grécia antiga. (N.T.)

uma expedição contra Bizâncio, Felipe confiou a Alexandre, então com a idade de dezesseis anos, a direção do reino, tomando o cuidado de cercá-lo de conselheiros experientes. O jovem príncipe teve também oportunidade de conduzir sozinho uma campanha contra os temíveis trácios, e de fundar uma colônia militar (Alexandrópolis); durante a famosa batalha de Queroneia (338 a.C.), que colocou em lados opostos os macedônios e os gregos, ele dirigiu a cavalaria do flanco esquerdo (o flanco ofensivo); depois da batalha, ele foi enviado (em companhia de Antípatro) em embaixada para Atenas, para levar as cinzas dos atenienses mortos no campo de batalha.

Contudo, as boas relações entre Felipe e Alexandre se romperam quando, em 337 a.C., Felipe repudiou Olímpia e se casou com Cleópatra, uma princesa macedônia. Alexandre exilou-se com a mãe no Épiro. A reconciliação ocorreu rapidamente, graças à intervenção de Demarato de Corinto. Outra desavença, menos grave, separou pai e filho quando Felipe quis propor Arridaio (meio-irmão de Alexandre) para marido da filha do dinasta[2] de Cária; Alexandre, inquieto, fez intrigas secretas junto ao dinasta. O episódio levou ao banimento de alguns dos melhores amigos de Alexandre, considerados maus conselheiros (Nearco, Harpalo, Ptolomeu...).

No verão de 336 a.C., acontecia em Aigai o casamento de Cleópatra (filha de Felipe e de Olímpia, então reconciliados) e Alexandre, príncipe da família dos molossos. Um nobre macedônio, Pausânias, aproveitou para apunhalar Felipe em pleno teatro. Numerosas discussões ocorreram nos tempos antigos e em nossos dias para saber se Pausânias agira sozinho, ou se fora instigado por Olímpia, pela corte aquemênida ou mesmo por Alexandre. A

---

2. Na Grécia antiga, nome dado a membros de algumas oligarquias ou a reis de pequenos territórios. (N.T.)

tese da culpa de Alexandre continua a ser frequentemente sustentada. Mas, é preciso constatar, nenhum texto ou raciocínio consegue exibir provas irrefutáveis; principalmente porque não fica claro o que Alexandre teria a ganhar com isso. Afinal, a conduta de Felipe não mostrava que ele pretendia fazer de Alexandre seu sucessor? Entretanto, não se pode excluir que, também motivado por ressentimento pessoal, o gesto de Pausânias mostraria dissensões entre Felipe e algumas famílias nobres.

Tão logo instalado no poder, Alexandre proclamou sua vontade de continuar a obra do pai, retomando imediatamente os preparativos para assegurar a tranquilidade e a estabilidade dos Estados europeus. A morte de Felipe e a juventude do novo rei fizeram nascer grandes esperanças entre a nobreza macedônia, os bárbaros dos degraus do reino, nas cidades gregas e até na corte aquemênida. Metodicamente, ele tratou de chamar seus inimigos à razão. Começou com um expurgo sangrento no interior da nobreza macedônia: o assassino de Felipe, Pausânias, foi executado; diversos pretendentes ao trono, verdadeiros ou supostos, foram eliminados; outros nobres preferiram fugir para a Ásia e se colocar a serviço do Grande Rei.[3] Em seguida, Alexandre "desceu" para a Grécia, fez calar a boca de seus opositores (sobretudo em Atenas) e renovou em Corinto o pacto de 338 a.C., fazendo-se conceder o título de estratego[4] da guerra contra a Pérsia. Terceira etapa: a campanha no Danúbio e nos Bálcãs (primavera de 335 a.C.); os celtas se submeteram. Alexandre, com efeito, queria se assegurar de suas retaguardas. Ao deixar a campanha ilírica, ele se lançou durante treze dias sobre os gregos, que, enganados com a notícia da sua morte, se

3. Nome que os gregos davam ao rei da Pérsia na época clássica. (N.T.)

4. Em diversas cidades gregas, sobretudo em Atenas, magistrado encarregado das questões militares. (N.T.)

preparavam para se sublevar. Como Tebas se recusasse a se render, Alexandre tomou-a de assalto, deixando aos gregos reunidos em Corinto o cuidado de decidir o destino da cidade vencida: Tebas foi arrasada. Foi um exemplo terrível. Alexandre demonstrou mais clemência em relação a Atenas, que ajudara Tebas em segredo: dentre os oradores antimacedônios, um único, Caridemos, foi exilado, indo se refugiar na corte do Grande Rei. Agora estava tudo pronto: portanto, a morte de Felipe só atrasara em poucos meses a partida da grande expedição asiática.

Capítulo I

As grandes etapas da conquista (334 a.C.-323 a.C.)[1]

I. Do Granico à queda de Tiro (maio de 334-verão de 332 a.C.)

Durante os dois primeiros anos da guerra, Alexandre enfrentou duas vezes os persas em batalha campal: às margens do Granico (maio de 334 a.C.) e em Isso, na Cilícia (novembro de 333 a.C.). Foram duas vitórias macedônias, mas nenhuma verdadeiramente decisiva; os persas, por duas vezes, conseguiram lançar contra-ataques extremamente perigosos, contra o litoral oeste-anatoliano e, depois, no interior da Ásia Menor. Paralelamente, Alexandre, que decidira dispensar sua frota em Mileto (verão de 332 a.C.), lança-se à conquista das costas; durante longos meses (janeiro-verão de 332 a.C.), se bate contra a resistência de Tiro da Fenícia. O verão de 332 a.C. marca uma virada na expedição: pela primeira vez, Alexandre está seguro de suas retaguardas. Restaurada em 333 a.C., a frota macedônia retoma a dianteira face aos esquadrões aquemênidas. No mesmo período, Dario segue preparando ativamente seus exércitos na Babilônia.

• O desembarque ocorre na primavera de 334 a.C., sem que os persas tenham, aparentemente, procurado uti-

1. O recorte cronológico escolhido aqui será justificado no capítulo III. Os números entre parênteses remetem às páginas onde são dadas as explicações e interpretações dos acontecimentos aos quais se faz alusão ao longo do capítulo I.

lizar sua superioridade marítima (p. 47). Os sátrapas[2] da Ásia Menor dispuseram suas armas sobre a margem do Granico, sendo pressionados e derrotados por Alexandre (maio de 334 a.C.). Essa vitória permitiu-lhe marchar para o sul da Ásia Menor, libertando as cidades gregas e castigando as que resistiram, enquanto eram banidos os tiranos aliados dos persas (p. 42-44, 66-69); Sardes, a capital da dominação aquemênida, rende-se facilmente. Em compensação, Halicarnasso, fortificada por Orontobates e reforçada por Memnon, opõe uma feroz resistência a Alexandre, que tem de partir antes de tê-la reduzido à submissão (final do verão de 334 a.C.). Em Mileto (verão de 334 a.C.), Alexandre dispensa sua esquadra (p. 43-44) e decide lutar em terra contra a superioridade da frota aquemênida (p. 42); no outono de 334 a.C., a partir de Halicarnasso, ele começa uma dura campanha de inverno (334/333 a.C.) que lhe permite – apesar da resistência de diversas cidades, como Aspendos (p. 35-36) – apoderar-se das costas lícia e panfiliense. Logo após, Alexandre retorna ao centro da Ásia Menor, pela Pisídia e Grande Frígia. Alexandre permanece vários meses em Gordion (primavera de 333 a.C.). Durante essa pausa prolongada, o rei recebe reforços da Grécia e da Macedônia, enquanto Memnon, encarregado por Dario da reconquista do litoral, prossegue um contra-ataque extremamente perigoso sobre a costa da Ásia Menor; ele morre no verão de 333 a.C. (julho-agosto), sob os muros de Mitilene de Lesbos (p. 44).

• Por volta de maio-junho de 333 a.C., Alexandre se dirige à Cilícia pela Capadócia ocidental, da qual fez uma satrapia (teórica: p. 65), e pelas Portas cilicianas, que os persas não tinham posto realmente em estado de defesa. Apodera-se de Tarso, capital da Cilícia (onde cunha moeda: p. 79-80). Enquanto o rei Ágis de Esparta

2. Na antiga Pérsia, governador de uma satrapia (território). (N.T.)

tenta se juntar aos navarcos[3] persas (p. 45), Dario concentra um imenso exército: o enfrentamento de Issos lhe é desfavorável (novembro de 333 a.C.). Essa vitória permite a Alexandre dispor de reféns nas pessoas da mãe, da mulher, das filhas e do filho do Grande Rei, capturados em Damasco depois da batalha; sanear sua tesouraria com a captura dos tesouros em Damasco; finalmente, marchar sobre a Fenícia, da qual ele quer se apoderar para tirar dos persas todos os apoios marítimos. Por razões diversas, a maior parte das cidades fenícias (Arados, Biblos, Trípoli, Sídon) não opõe nenhuma resistência, conservando suas instituições tradicionais (p. 66-67). Em compensação, Tiro resiste durante longos meses ao cerco dos macedônios, enquanto exércitos persas tentam conduzir um contra-ataque sobre as retaguardas de Alexandre na Ásia Menor (p. 45-46).

No começo da primavera de 332 a.C., Alexandre consegue uma vitória de primeira grandeza, uma vez que os contingentes fenícios e cipriotas deixam a esquadra persa e vêm se colocar sob sua autoridade. Tiro cai algumas semanas mais tarde, e, então, Alexandre praticamente consegue realizar o plano que traçara em Mileto: conquistar a superioridade marítima.

II. De Tiro a Tiro (verão de 332-verão de 331 a.C.)

O ano seguinte encontra os dois adversários continuando seus preparativos para a batalha que cada um espera ser decisiva: Alexandre se apodera do Egito, depois retorna sobre seus passos até Tiro, de onde marcha na direção do Eufrates e do Tigre. Dario prepara seus exércitos. Enquanto isso, Ágis de Esparta prossegue, também ele, seus preparativos contra a Macedônia.

---

3. Na antiga Grécia, comandantes de um navio ou de uma frota de navios. (N.T.)

• Alexandre, agora seguro de suas retaguardas, prossegue a conquista da costa fenícia: somente Gaza lhe opõe uma vigorosa resistência até novembro de 332 a.C.

• Ao mesmo tempo, a frota macedônia continua a reconquista das ilhas e cidades ocupadas pelos persas em 333 a.C. (Chios, Lesbos...). Em novembro de 332 a.C., o almirante macedônio consegue chegar até Alexandre para lhe fazer um relatório e lhe entregar os tiranos pró-persas.

• Depois, acompanhado pela frota comandada por Hefestião, Alexandre chega ao Egito, cujo sátrapa apenas opõe uma resistência formal, antes de entregar a ele sua satrapia. Alexandre, então, mostra seu respeito pelos deuses e templos egípcios. A estadia no Egito (final de 332-primavera de 331 a.C.) é marcada por dois feitos importantes: a viagem que realiza ao oásis da Siwah, onde consulta o oráculo de Amon (p. 96-97), e a fundação de Alexandria (a primeira do nome), fadada a adquirir uma importância comercial considerável.

• Alexandre deixa o Egito na primavera de 331 a.C., depois de reorganizar a administração (p. 58-60). Ele retoma o mesmo itinerário da ida até Tiro, reprimindo com sangue, de passagem, uma revolta na Samaria. Depois, dirige-se ao Eufrates por Damasco e Alepo. Uma inquietação na sua partida, contudo: a situação na Europa, onde Ágis III está se tornando cada vez mais ameaçador.

III. O fim de Dario e a submissão definitiva da Grécia (verão de 331-verão de 330 a.C.)

Agora, a ambição de Alexandre é vencer e apoderar-se de Dario. Ele consegue consumar a primeira parte de seu programa em Gaugamela (outubro de 331 a.C.), mas não consegue capturar a Aquemênida. Ainda mais difícil é lançar-se contra os países do planalto Iraniano, pois encontra oposições na Pérsia, e Dario não abandonou a esperança de reverter a situação. Quando Alexandre consegue deixar o Irã ocidental, depois do incêndio de Persépolis (primavera de 330 a.C.), Dario se vê abandonado por seus principais oficiais, que o assassinam em Hircânia (julho de 330 a.C.).

• Durante a expedição de Alexandre ao Egito, Dario teve tempo suficiente para se fortalecer. Ele concentrou um imenso exército a leste do Tigre, em Gaugamela. A batalha (1º de outubro de 331 a.C.) fica indecisa por muito tempo, mas acaba se transformando em vitória dos macedônios. Dario abandona o campo de batalha e, após um conselho realizado em Arbeles, vai para Ecbátana de Média, onde espera reunir um novo exército. Enquanto isso, Alexandre vai em direção às grandes capitais: Babilônia, Susa, Persépolis e Pasárgada.

• Naquele momento, a situação na Europa é preocupante. Ágis III entra em guerra aberta e é vencido por Antípatro em Megalópolis, em outubro de 331 a.C., ou seja, pouco tempo antes da vitória de Alexandre em Gaugamela. Preocupado com suas retaguardas, Alexandre multiplica os favores às cidades gregas para incitá-las a permanecerem leais (p. 32-34). Mas as preocupações europeias não são determinantes, e não explicam a decisão tomada por Alexandre de incendiar os palácios de Persépolis na primavera de 330 a.C. (p. 88-90).

• O avanço de Alexandre lhe permitiu se apoderar das grandes capitais. A despeito de suas capacidades militares, Babilônia não opõe nenhuma resistência: ao contrário, os dirigentes aquemênidas e os chefes da comunidade babilônia vão recepcionar o conquistador fora das muralhas e Alexandre é bem depressa reconhecido rei da Babilônia (p. 85-87); é lá que uma decisão plena de significado é tomada: a nomeação de um sátrapa iraniano (p. 90 e s.). Ao mesmo tempo, a entrada

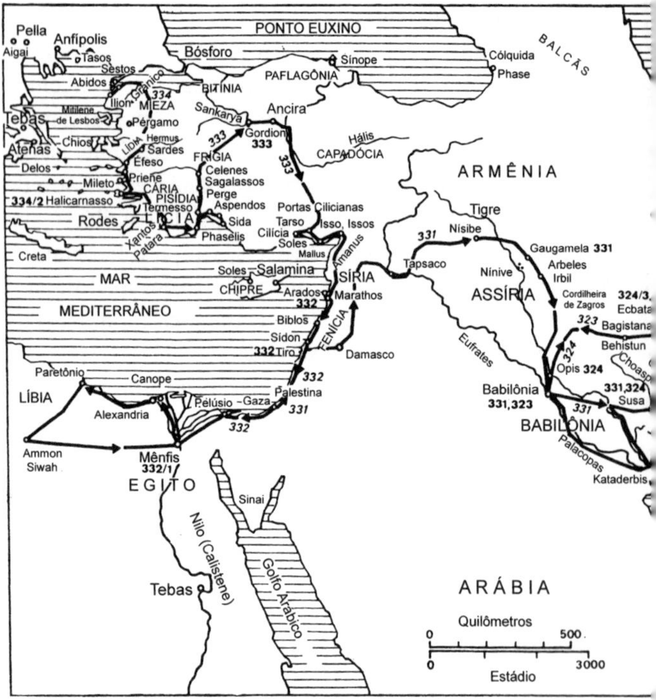

Itinerários de Alexandre

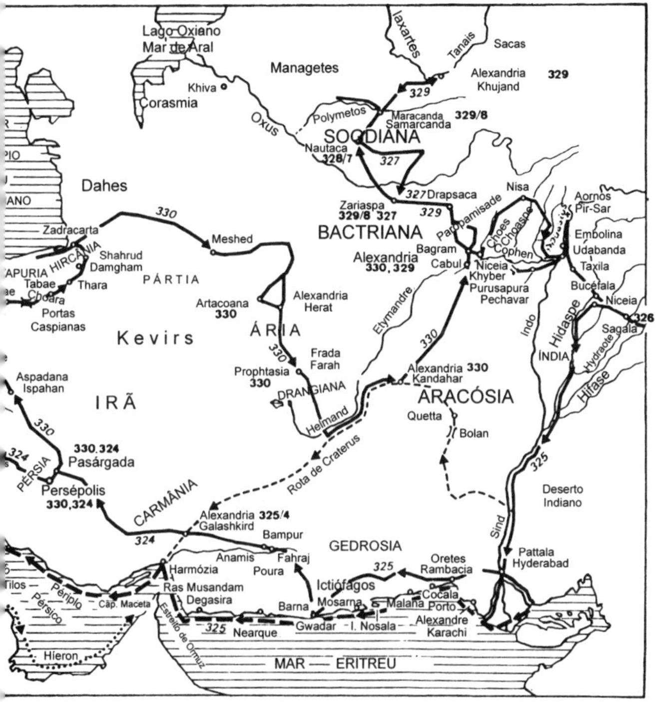

Lago Oxiano
Mar de Aral
Corasmia
Khiva
Oxus
Managetes
Iaxartes
Tanais
Sacas
Alexandria
Khujand
329
Polymetos
Maracanda
Samarcanda
329/8
SOGDIANA
Nautaca
328/7
327
Dahes
Zariaspa
329/8 327
Drapsaca
329
BACTRIANA
Nisa
Aornos
Pir-Sar
Zadracarta
330
Meshed
HIRCÂNIA
Shahrud
Damgham
Thara
Tabae
Portas
Caspianas
PÁRTIA
Paropamisade
Choes
Choaspe
Cophen
Bagram
Cabul
Alexandria
330, 329
Niceia
Khyber
Purusapura
Pechavar
Embolina
Udabanda
Taxila
Bucéfala
Niceia
Sagala
326
Artacoana
330
Alexandria
Herat
ÁRIA
Kevirs
Etymandre
Indo
Hidaspe
ÍNDIA
Hydraote
Hifase
Frada
Farah
Prophtasia
330
DRANGIANA
Helmand
Alexandria 330
Kandahar
ARACÓSIA
Quetta
Bolan
Aspadana
Ispahan
IRÃ
330.324
Pasárgada
PÉRSIA
Persépolis
330,324
Rota de Craterus
325
Deserto
Indiano
CARMÂNIA
Alexandria 325/4
Galashkird
324
Bampur
GEDROSIA
Sind
Pattala
Hyderabad
Anamis
Fahraj
Harmózia
Poura
Oretes
Rambacia
Ictiófagos
Ras Musandam
Degasira
Tilos
Périplo
Pérsico
Cap. Maceta
Estreito de Ormuz
Barna
Mosarna
Malana
Cocala
Porto
Alexandre
Karachi
325
Nearque
Gwadar
I. Nosala
Hieron
MAR ERITREU

na Babilônia e em Susa permite a Alexandre se apoderar de imensos tesouros aquemênidas. A marcha sobre Persépolis é mais difícil: é preciso reduzir a resistência dos uxienos, povo de pastores que ocupa um desfiladeiro entre Fahliyun e as Portas pérsicas, depois vencer a oposição das tropas persas que bloqueiam as Portas. Ele chega a Persépolis na metade de janeiro de 330 a.C. Hesita durante vários meses sobre a conduta a manter: toma finalmente a decisão de destruir Persépolis, símbolo da dominação aquemênida (p. 87-90).

• Na primavera de 330 a.C., Alexandre começa a "perseguição desenfreada" contra Dario, que então decide se retirar para o oeste. Em Ecbátana, no momento de se lançar, também ele, contra as satrapias do planalto iraniano, Alexandre, seguro de seu domínio na Europa, dispensa os contingentes gregos da Liga de Corinto, que, de resto, não tinham desempenhado um papel importante durante a conquista (p. 32-34): a ficção da "guerra helênica", então, desaparece definitivamente. Durante esse tempo, na Hircânia, explode um complô contra Dario, que bem depressa é abandonado por seus principais oficiais. Bessos e Nabarzanes se apoderam do Grande Rei, mantendo-o prisioneiro antes de matá-lo (verão de 330 a.C.). Apesar da rapidez de sua marcha, Alexandre não pôde alcançar Dario vivo, mas ele se colocará doravante como vingador do aquemênida (p. 51-53).

IV. Guerrilhas nas satrapias orientais e oposições macedônias (verão de 330 a.C.-primavera de 327 a.C.)

Tem início então um dos períodos mais difíceis, senão o mais difícil, de toda a expedição. Antes de marchar para a Índia, que ele já decidiu conquistar (p. 36-37), Alexandre deve reduzir a resistência das satrapias orientais: Ária, Drangiana, Sogdiana e Bactriana principalmente. Ao mesmo tempo, ele está às voltas com oposições macedônias, vindas da base e dos chefes.

- Em um primeiro momento, Alexandre procura alcançar diretamente a Bactriana de Bessos, utilizando a antiga rota conhecida (em uma época mais tardia) como rota do Coração, pelo Kopet Dagh e por Margiana. Chamado à retaguarda pela rebelião de Satibarzanes de Ária, apoiado por Bessos, Alexandre submete de novo essa satrapia e depois decide alcançar a Bactriana pelo sul, conquistando sucessivamente a Drangiana, a Aracósia e os Paropamisades (330-329 a.C.). A ofensiva de Alexandre fez fracassar o plano de Bessos, que abandona a Bactriana antes de ser entregue a Alexandre (p. 51-52). A resistência foi a partir de então conduzida, até 327 a.C., pelo chefe sogdiano Espitamenes e por diversos príncipes menores locais (p. 52-53).

- A evolução de Alexandre, que toma empréstimos cada vez mais numerosos da realeza aquemênida, acolhe nobres persas no seu círculo e se comporta cada vez mais como um rei absoluto, suscita uma oposição virulenta dos nobres macedônios: o processo de Filotas e o assassinato de Parmênion, o assassinato de Kleitos e o caso da prosquinese[4] são os episódios principais da história da luta entre o rei e seus próximos (p. 96-102).

- Por sua vez, os simples soldados macedônios começam a manifestar abertamente o desejo de voltar para a Macedônia. A característica selvagem da guerrilha tem por consequência abalar o moral do exército (p. 56-59).

Durante o mesmo período, Alexandre toma medidas de naturezas diversas, cujas consequências a longo prazo são extremamente importantes: numerosas cida-

---

4. Rito da submissão que é devida exclusivamente ao verdadeiro rei. (N.T.)

des e colônias militares são fundadas para controlar os principais pontos estratégicos e para vigiar as populações das satrapias e das fronteiras, mas essa política suscita a oposição dos colonos gregos de Bactriana (p. 94-95); ao mesmo tempo, Alexandre institui uma política de colaboração com a nobreza iraniana; iranianos, em número crescente, são nomeados sátrapas (p. 90-92); em 327 a.C., Alexandre se casa com Roxana, filha de um nobre bactriano (p. 93-94).

V. A conquista da Índia e do Golfo Pérsico (327-325 a.C.)

Conquistadas as satrapias orientais, Alexandre pode finalmente começar a conquista da Índia. Depois de uma marcha difícil, o exército macedônio alcança o Indo na primavera de 326 a.C.. A vitória sobre Poros (julho de 326 a.C.), às margens do Hidaspe, parece abrir extensos horizontes para Alexandre. Mas a oposição do exército macedônio o obriga a interromper a conquista do Hifase (verão de 326) e a descer o Indo para depois retornar à Babilônia, seguindo a costa do Golfo Pérsico.

• No verão de 327 a.C., Alexandre deixa a Báctria e se dirige a Alexandria do Cáucaso, local estratégico de primeira importância, que controla as grandes vias tradicionais. Uma parte do exército, confiada a Hefestião e a Pérdicas, é encarregada de conquistar a margem direita do Cofen e de preparar a chegada do grosso do exército ao Indo. Alexandre, por sua vez, se lança à conquista das regiões atravessadas pelos afluentes da margem esquerda do Cofen. Na primavera de 326 a.C., após uma marcha muito difícil, ele se junta a Pérdicas e Hefestião, que o aguardavam já há algum tempo na margem do Indo.

• Diversos príncipes indianos se submetem a Alexandre, como Onfis, o Taxilo[5], a quem Alexandre deixa

---

5. Nome dado pelos gregos aos soberanos hindus que residiam na Taxila. (N.T.)

seu reino; o Taxilo o informa igualmente sobre o perigo apresentado por Poros, outro rei indiano. A batalha contra esse inimigo temível se desenrola na margem do Hidaspe (julho de 326 a.C.); provavelmente, foi a mais dura batalha realizada na Ásia pelos macedônios, apavorados com as cargas dos elefantes.

• As tropas de Alexandre, devastadas pelo cansaço, ansiosas por rever a Macedônia e amedrontadas com o rumores que circulam sobre os perigos de uma expedição além-Hifase, se rebelam e exigem do rei a interrupção da conquista (p. 37, 58-59).

• Alexandre começa então uma nova etapa, que de qualquer maneira ele estava decidido a realizar: a descida do Indo e o retorno pelo Golfo Pérsico (p. 36-37, 77-79 e s.). Essa campanha resultou na submissão, frequentemente brutal (p. 54-55), de vários povos indianos, e no domínio das grandes vias marítimas que ligam a Índia ao Golfo Pérsico.

VI. Os últimos anos (324-323 a.C.)

Os dois anos que se seguem ao retorno da Índia foram marcados por uma atividade frenética de Alexandre, em todos os campos:

• ele prossegue com determinação seu plano de dominar o Golfo Pérsico; envia para lá três expedições, que precedem a conquista da costa árabe; a construção de uma frota, de um porto na Babilônia e a dragagem dos canais da Babilônia se inserem no mesmo projeto (p. 76);

• ele submete os povos que ainda se recusam a reconhecer sua soberania (expedição contra os cosseanos em 323 a.C.: p. 71);

• as núpcias de Susa (324 a.C.) e a constituição de um exército macedônio-iraniano (324-323 a.C.) coroam sua política de colaboração com os homens de Dario (p. 103-105 e s.);

• é possível que ele tenha cogitado de uma expedição ocidental, mas subsistem muitas incertezas sobre este ponto (p. 38-39).

Ao morrer na Babilônia, no dia 10 ou 11 de junho de 323 a.C.[6], Alexandre reconquistara em seu proveito todo o império aquemênida, tal como fora constituído por Ciro, Dario e seus sucessores. Apesar da precariedade da dominação macedônia em algumas regiões, a obra de conquista é imensa. Mas como Alexandre venceu as múltiplas resistências que se ergueram contra sua progressão militar, e como ele organizou um império tão vasto? Quais eram seus objetivos, e desde quando ele meditava sobre os projetos de conquista? Quais foram a natureza e a amplitude da resistência organizada por Dario? Estas são as questões que convém abordar agora.

---

6. Sobre a data precisa da morte de Alexandre, tal como indicada em uma tabuleta babilônia, ver L. Depuydt, "The time of the death of Alexander the Great: 11 june 323 b.C. (-322), ca. 4:00-5:00 PM", *Die Welt des Orients* 28 (1997), p. 117-135, e R.J. Van der Spek, *Orientalia* 69/4 (2000), p. 435.

Capítulo II

Origens e objetivos da conquista

I. Insuficiências e limites das explicações de tipo pessoal e psicológico

Dentre as explicações produzidas por inúmeros autores antigos e, depois deles, por historiadores modernos, os elementos psicológicos e irracionais ocupam um lugar importante. Destaca-se frequentemente, antes de mais nada, que o temperamento irascível e exaltado do conquistador se deve em grande parte à herança psicológica de Olímpia, adepta do culto dionisíaco e dada a entregar-se "ao transbordamento sem freio da sensibilidade" (G. Radet); outros julgam que Alexandre foi movido, em diversos momentos de sua carreira, por sua vontade de imitar, ou mesmo de se identificar com os heróis homéricos e com os deuses e semideuses, como Dionísio e Hércules; finalmente, vários autores (V. Ehrenberg e outros) admitem que Alexandre se deixou frequentemente levar pelo *pothos*, noção psicológica especialmente difícil de entender, que esses autores interpretam como um desejo irracional e irreprimível de se ultrapassar, de sempre ir mais longe na descoberta do mundo e de si mesmo. Através dessas interpretações, surge a imagem de um Alexandre "irracional". Essa impossibilidade de compreender Alexandre através de uma análise racional, política em suma, é defendida sobretudo por G. Radet, a cujos olhos "as regras comuns de psicologia" não são "aplicáveis a um herói que sente correr nas suas veias o sangue de Hércules e Aquiles".

Educado na admiração dos heróis cantados por Homero, Alexandre, sem dúvida alguma, era movido por pulsões psicológicas. Mas reduzir a expedição a uma aventura pessoal pode conduzir a profundos contrassensos. As interpretações desse tipo deixam por vezes transparecer, por parte de seus autores, uma surpreendente confiança na historiografia antiga de Alexandre, da qual se sabe perfeitamente que não hesitava em maquiar de propósito a realidade, para exaltar o caráter super-humano do rei e de sua empreitada. Os riscos que o rei assumia durante a expedição eram riscos calculados: ele nunca decidia começar uma nova etapa sem ter se informado sobre os países que se preparava para conquistar. Ele conduzia milhares de homens em territórios frequentemente pouco conhecidos e hostis e não estava disposto a correr o risco de perder seu exército unicamente por causa da glória ou para obedecer a uma pulsão irracional. Um dos grandes problemas da história de Alexandre reside precisamente na oposição que se revela, a partir de 330 a.C., entre a vontade coletiva dos macedônios e o caráter cada vez mais pessoal que Alexandre pretendia dar ao seu poder.

Por outro lado, ainda que a tarefa não seja medíocre, interrogar-se ao longo das páginas, seguindo os autores antigos, sobre a ambição e os grandes feitos de Alexandre, tem como consequência fazer desaparecer o inimigo persa da cena da história, como se Alexandre estivesse sozinho consigo mesmo em face de sua aventura pessoal. Os progressos da história aquemênida e uma atenção mais marcada por uma visão global exigem que se reintroduzam Dario III e seus próximos numa partida que eles disputaram com ferocidade, utilizando trunfos e qualidades que estão longe de ser negligenciáveis.

II. A herança de Felipe II

Segundo uma fórmula bastante conhecida de W. W. Tarn, "a principal razão pela qual Alexandre invadiu a Pérsia foi, sem nenhuma dúvida, nunca ter lhe passado pela cabeça *não* fazê-lo". Com essa frase, o historiador inglês quer indicar que a ideia da conquista pertencia em grande parte a Felipe II. Foi exatamente o que expressou Polibo, que, numa famosa passagem (III, 6, 12-14), procurou estabelecer a diferença entre as causas profundas, o pretexto e o começo da guerra contra os persas. Felipe II, com efeito, já fizera preparativos consideráveis, tanto no plano diplomático quanto no militar. Depois de sua vitória sobre os gregos em Queroneia (setembro de 338 a.C.), ele convocou a Corinto os delegados das cidades e Estados gregos. O resultado das deliberações foi a constituição da Liga de Corinto.

O funcionamento da Liga e o nome dos Estados que aderiram nós não conhecemos com exatidão. O órgão principal era o Conselho comum (*Synedrion*), composto de delegados dos Estados. A Macedônia, na qualidade de Estado, não fazia parte: apenas o rei tinha ligação com ela, de forma meramente pessoal. A carta, por outro lado, proibia os conflitos de constituição, as guerras entre membros e qualquer ataque contra a realeza de Felipe e seus sucessores. Essas medidas tendiam a criar uma estabilidade entre cidades que a Grécia jamais conhecera, apesar dos esboços dos séculos clássicos.

O objetivo de Felipe era evidentemente assegurar a tranquilidade duradoura da Grécia. Desde então, de fato, seu grande projeto já era a guerra asiática. Depois de Queroneia, mandou "espalhar o rumor de que ele queria declarar guerra aos persas para vingar os gregos das profanações cometidas pelos bárbaros nos templos da Grécia" (Diodoro, XVI, 89, 1). Por isso, em 338 a.C., ele fez com que o *Synedrion* da Liga votasse a "guerra de represálias" e lhe concedesse o comando das operações militares, com o título de *strategos autocrator* ("com plenos poderes"). A partir de 338 a.C., o pretexto da guerra (para retomar a distinção polibiana) estava portanto firmemente estabelecido: Felipe, oficialmente, não fazia senão agir ao intimar os gregos unidos sob a *Pax Macedonica*; por outro lado, os meios materiais já estavam previstos, uma vez que cada Estado que aderira à aliança militar devia enviar um contingente.

Mas Felipe não criou apenas o pretexto da guerra: foi sob o seu reinado que ela teve início. Com efeito, em 336 a.C., o pai de Alexandre enviara para a Ásia uma vanguarda de dez mil homens, cujo comando foi confiado ao fiel Parmênion e a Atala. Apesar dos incontestáveis revezes infligidos por Memnon em 335 a.C., Parmênion conseguiu manter Abidos, ponto de desembarque ideal para um exército vindo da Europa. Alexandre estava, pois, engajado na guerra bem antes de 334 a.C.

Lamentavelmente, é difícil indicar com exatidão os objetivos territoriais de Felipe. Em 331 a.C., Parmênion, velho companheiro de Felipe, opôs-se a Alexandre e o incitou a acolher com boa vontade as aberturas diplomáticas de Dario, que oferecia a Alexandre ceder-lhe a Ásia até o Eufrates. Segundo G. Radet, "o diálogo opõe, com uma verdade evidente, o programa das ambições circunscritas de Felipe à doutrina das conquistas ilimitadas de Alexandre". Mas, além de tal interpretação ser puramente especulativa, ela se baseia em textos cujos fundamentos factuais são bastante discutíveis (p. 47-49).

Com frequência achou-se também que os projetos de Felipe se inspiravam diretamente nos escritos de Isócrates. Esse rétor ateniense, representante e apóstolo do pan-helenismo, após constatar a incapacidade das cidades gregas de se unirem, voltara-se finalmente para Felipe.

Mas convém não tirar conclusões precipitadas sobre a influência de Isócrates: Felipe era perfeitamente capaz de se dar conta sozinho das realidades gregas (que ele contribuíra fortemente para modelar) e, em consequência delas, de definir sua política. Certamente não foi Isócrates quem deu a Felipe (nem a Alexandre) a ideia da guerra contra a Pérsia, nem a da criação de uma liga baseada na "Paz geral". Por outro lado, os dois programas eram, no limite, inconciliáveis: enquanto Isócrates pretendia utilizar o poderio macedônio para lançar Atenas em um novo imperialismo, Felipe tinha a intenção de utilizar a Liga de Corinto para seus próprios fins. Nada, portanto, permite afirmar que Felipe tenha adotado como seu o programa de Isócrates, que pretendia a conquista e colonização da Ásia Menor, "da Cilícia a Sínope".

Desde então, fica evidente que os imperativos propriamente macedônios prevaleciam sobre os sonhos de Isócrates. Felipe conduzira seu empreendimento em uma dupla via: ele devia dirigir a expedição ao mesmo tempo como estrategista dos helenos, para vingar a Grécia – por isso a invenção (ou melhor, a reinvenção) da fórmula genial de "guerra de represálias" – e, como rei dos macedônios, para (oficialmente) punir os ataques dos persas contra Perinto e Trácia; a isso Alexandre acrescentou a vingança pelo assassinato de Felipe, que a propaganda macedônia atribuía às intrigas da corte aquemênida.

III. Alexandre e os territórios reais aquemênidas

Os autores antigos relatam que, na ocasião de seu desembarque, Alexandre fez um gesto que pretendia ser altamente simbólico:

"Quando tocaram a margem, Alexandre foi o primeiro a lançar um dardo, como se fosse *terra inimiga...*" (Justino XI, 5, 10); "Saltou em seguida do navio... dando a entender que recebia a Ásia dos deuses, como um território conquistado a ponta de lança" (*chora doriktetos*; Diodoro, XVII, 17, 2).

Devido à tonalidade heroica que querem imprimir, esses textos não são determinantes, por si só, para permitirem uma avaliação da amplitude das ambições territoriais de Alexandre. Em compensação, a nomeação de sátrapas e administradores macedônios nas satrapias conquistadas, logo após a vitória do Granico, não deixa nenhuma dúvida, como foi o caso de Daskyleion, capital da Frígia Helespôntica:

"Ele nomeou Kalas sátrapa da região administrada por Arsites [antigo sátrapa persa], ordenando à população que pagasse os mesmos tributos que pagava a Dario; aos bárbaros que desceram das montanhas para se renderem, convidou-os a voltar para suas próprias casas... Mandou Parmênion tomar posse de Daskyleion, o que Parmênion fez, tendo a guarnição evacuado a cidade" (Arriano, I, 17, 1-2).

Em toda a Ásia Menor constata-se a mesma política, simbolizada pela retomada do tributo dos bárbaros ou do tributo de Dario. No mínimo, tais atitudes e decisões significam que, mesmo antes de seu desembarque, o objetivo de Alexandre ultrapassava singularmente os objetivos fixados por Isócrates. A despeito de afirmações feitas recentemente nesse sentido[1], parece difícil acreditar que o primeiro objetivo de Alexandre se limitasse à "guerra de represálias".

IV. "Guerra de libertação" e "guerra de represálias": limites do filo-helenismo de Alexandre

De acordo com as decisões do *Synedrion* e do *hegemon*, contingentes foram convocados nas cidades e Estados da Liga. Esses contingentes formavam uma parte não

1. Ver M. Hatzopoulos, *ZEP*, 1997 (adiante neste texto, p. 57 e n. 11)

negligenciável do exército de Alexandre: sete mil soldados de infantaria (de um total de 32 mil) e 2,4 mil cavaleiros, se for incluída a cavalaria tessaliana (de um total de 5,5 mil). Mas, se excetuarmos a cavalaria tessaliana, esses contingentes desempenharam um papel muito apagado durante a expedição. Quanto à frota grega, o rei já a dispensara no verão de 334 a.C., em Mileto.

A participação desses contingentes na expedição respondia de fato a uma dupla preocupação de Alexandre. Por um lado, sua presença justificava o caráter pan-helênico da "guerra de represálias" realizada pelo estratego dos helenos. Durante suas campanhas, Alexandre não deixou de adotar medidas espetaculares destinadas a enraizar tal ideia. Assim, depois da vitória do Granico (334 a.C.), "ele enviou a Atenas trezentos panóplias[2] persas com esta inscrição: Alexandre, filho de Felipe, e os gregos, com exceção dos lacedemônios (recolhidos os despojos), nos Bárbaros que povoam a Ásia" (Arriano, I, 16, 7).

Mas convém recolocar o gesto no seu contexto: as famílias dos cavaleiros macedônios mortos durante a batalha também recebiam presentes, no caso, uma isenção de impostos pessoais e sobre propriedades. De resto, uma rápida análise torna claro que o fervor helenista de Alexandre dependia diretamente das dificuldades militares e estratégicas que ele encontrasse no decorrer da guerra. É importante constatar que ele multiplica os gestos de boa vontade no exato momento em que Ágis III de Esparta ameaçava a dominação macedônia na Europa: na primavera de 331 a.C., ele aceita libertar os mercenários atenienses feitos prisioneiros no Granico, ao passo que, em Gordion (primavera de 333 a.C.), ele opusera uma recusa brutal à demanda ateniense; num momento, de fato, em

2. Na Grécia antiga, armadura completa de hoplita (soldado da infantaria pesadamente armado). (N.T.)

que os sucessos da reconquista marítima persa eram uma grave ameaça ao prosseguimento da expedição, Alexandre julgou não ser o momento "de enfraquecer o terror que ele inspirava nos gregos" (Arriano, I, 29, 5-6); depois da vitória de Gaugamela (outubro de 331 a.C.), que ele equipara às vitórias obtidas pelos gregos sobre os persas em Salamina (480 a.C.) e em Plateias (479 a.C.), "ele escreveu (aos gregos) que todas as tiranias tinham sido abolidas e que eles podiam se governar segundo suas próprias leis" (Plutarco, *Alex.*, 34, 2); em Susa (dezembro de 331 a.C.), numa data em que a notícia da derrota de Ágis ainda não lhe chegara, ele devolveu a Atenas as estátuas dos tiranoctones[3], que Xerxes havia mandado retirar em 480 a.C.; por fim, mesmo que no espírito de Alexandre o incêndio de Persépolis tivesse sido antes de mais nada um gesto destinado aos persas (ver a seguir, p. 87-90), é evidente que, do ponto de vista dos gregos da Europa, era também um sinal da vontade de Alexandre de levar até as últimas consequências a guerra de represálias em nome da Liga de Corinto, ou seja, vingar as destruições infligidas pelos persas à Grécia durante as guerras medas.

Enfim, os autores modernos não deixam de enfatizar que a mobilização dos contingentes gregos respondia também ao desejo de Alexandre de se assegurar da tranquilidade dos Estados gregos. Ou seja, que os contingentes aliados eram, nem mais nem menos, reféns nas mãos de Alexandre. É sintomático constatar que a única revolta aberta na Grécia veio de Esparta, que, precisamente, havia se recusado a aderir à Liga, e que a guerra contra Esparta foi a última ocasião em que se viu funcionar o *Synedrion* de Corinto.

---

3. Matadores de tiranos, que assassinaram em 514 a.C. um dos filhos do tirano Pisistrate, desencadeando o processo que resultaria no advento da democracia ateniense. (N.T.)

Quanto à libertação das cidades gregas da Ásia Menor, ela é apresentada por muitos autores antigos como uma tarefa prioritária de Alexandre. Não se pode negar, com efeito, que nas cidades governadas pelos oligarcas ou por um tirano sua chegada foi considerada uma libertação. Assim, em Éfeso, o restabelecimento da democracia deu lugar a um desencadeamento de violência coletiva: Alexandre teve de intervir para fazer cessar os massacres dos partidários do tirano. Mas, ao lado de exemplos de acolhida entusiasta, os casos de resistência ou de revolta não foram raros, como nas pequenas cidades do sul da Ásia Menor que Alexandre teve de vencer pela força no decorrer de uma dura campanha de inverno (334/333 a.C.).

A política de Alexandre em relação às cidades gregas, durante a conquista da Ásia Menor, era ditada em boa parte pela atitudes delas a seu respeito, ou seja, ele se sentia autorizado a aplicar aos rebeldes o direito grego da guerra, e portanto a dispor soberanamente da cidade e de seus habitantes.[4] A liberdade não é inerente à cidade grega, como pretendia W. W. Tarn; é uma liberdade concedida por Alexandre, e portanto uma liberdade precária. A melhor ilustração disso é Aspendos, cidade da Panfília, que, num primeiro momento, obteve de Alexandre a isenção de guarnição mediante um pagamento de cinquenta talentos e um tributo *in natura* (cavalos). Esse acerto garantia aos aspendianos a autonomia. Mas, diante da notícia de que Aspendos se recusava a aplicar o acordo, Alexandre voltou sob seus muros e *impôs* um novo acerto de contas que, de cidade "autônoma", a transformava em cidade "sujeitada". Com efeito, "Alexandre ordenou aos aspendianos que entregassem os notáveis como reféns, que dessem os cavalos prometidos anteriormente,

4. Cf. E. Bikermann, Alexandre le Grand et les villes d'Asie, *REG*, 1934, p. 346-374.

e cem talentos em vez de cinquenta; que obedecessem ao sátrapa que ele nomearia, que pagassem um tributo anual aos macedônios e, finalmente, que se submetessem a uma averiguação a respeito do território de seus vizinhos, que eram acusados de haver tomado pela violência e se apropriado sem direito" (Arriano, I, 27,4).

Na verdade, fica-se tentado a repetir a pergunta feita por R. Sealey a propósito da fundação da Liga de Delos por Atenas em 478/477 a.C.: as cidades gregas da Ásia teriam verdadeiramente o desejo de ser "libertadas" em 334 a.C.? Os recuos de Atenas, Tebas e Esparta diante dos ultimatos aquemênidas no século IV a.C. não podiam senão suscitar um grande ceticismo sobre o entusiasmo de suas irmãs europeias; estas não tinham aceitado, em 386 a.C., a paz do rei, que oficializava a dominação persa sobre a costa da Anatólia? Por outro lado, a brutalidade de Alexandre em relação a Tebas, em 334 a.C., só podia fazer nascer os piores temores sobre a maneira como o rei macedônio concebia suas relações com as cidades gregas. Por fim, com mais de dois séculos de "coabitação", pode-se admitir que um certo *modus vivendi* se estabeleceu entre os gregos da Ásia e a administração aquemênida.

V. A conquista da Índia e o retorno pelo Golfo Pérsico

As expedições à Índia e ao Golfo Pérsico constituem a parte da conquista que suscitou os comentários mais variados entre os historiadores. Atração pelo desconhecido, vontade de se identificar com Hércules e Dionísio, *pothos*, gosto pela descoberta geográfica, objetivos comerciais: tais são as explicações propostas com mais frequência. Mas surge o problema de saber com precisão qual teria sido a motivação determinante. Também seria preciso indagar até onde Alexandre queria conduzir suas tropas, e desde quando ele nutria o projeto de conquista da Índia.

Antes de mais nada, é errado ver em Alexandre uma espécie de Cristóvão Colombo: o rei não descobriu nenhuma terra virgem. O Pendjab e o vale do Indo tinham sido conquistados por Dario I e anexados ao império aquemênida, do qual ainda faziam parte nominalmente. Alexandre, portanto, não pegou a estrada em direção ao desconhecido. Além disso, o rei se beneficiou de informações fornecidas pelos príncipes indianos aliados, depois por guias locais.[5] Não há dúvida de que o objetivo fundamental do rei era restaurar em seu proveito os limites do império de Dario I, e obter dessa restauração todos os lucros políticos e fiscais que os Grandes Reis tinham tirado.

Tudo, portanto, leva a admitir a realidade das ambições territoriais de Alexandre e a julgar que, em 334 a.C., ele tinha uma ideia simultaneamente precisa no conjunto e vaga no detalhe sobre a dimensão do mundo que ele se preparava para conquistar. A razão de sua clarividência não era simplesmente por aquele mundo já ter sido conquistado pelos aquemênidas?

Será que, por outro lado, depois da derrota de Poros, o rei pretendia ultrapassar as fronteiras aquemênidas e alcançar o Ganges e o "Oceano exterior", como afirmavam certos textos antigos, ou então, ao contrário, o único objetivo de Alexandre seria nesse caso descer o Indo e voltar pelo Golfo Pérsico? Por causa das grandes incertezas documentais, o debate dificilmente pode ser solucionado no momento presente, mas é necessário reconhecer que os relatos acerca da recusa dos soldados a marchar além do Hifase dão força à primeira interpretação.[6]

5. Sobre os informantes de Alexandre, ver A. B. Bosworth, *Alexander and the East*, Oxford, 1966, p. 66-97.

6. Ver em último lugar T. R. Robinson, *AHB*, 7/3, 1993, p. 84-99, e A. B. Bosworth, *op. cit.*, p. 186-200.

VI. O problema dos "últimos planos"

Enfim, diversos autores antigos afirmam que em 323 a.C. Alexandre acalentava o projeto de conquistar a bacia ocidental do Mediterrâneo. Segundo Diodoro (XVIII, 4, 1-6), após a morte do rei, foram descobertos em seus papéis projetos (*hypomnemata*) que Pérdicas, o homem forte da sucessão, apresentou ao exército (que se recusou a aplicá-los):

"Propunha-se a construção de mil navios de guerra, mais pesados do que trirremes[7], na Fenícia, Síria, Cilícia e Chipre, para a campanha contra os cartagineses e outros povos que viviam ao longo da costa da Líbia e da Ibéria, e na região costeira vizinha até a Sicília; a construção de uma estrada ao longo da Líbia até as Colunas de Hércules e, para as necessidades de uma expedição tão grande, a construção de portos e arsenais em locais judiciosamente escolhidos; erigir seis templos magníficos e custosos, à razão de 1,5 mil talentos para cada um; e, finalmente, estabelecer cidades e transplantar populações da Ásia para a Europa e da Europa para a Ásia, de maneira a fazer nascer uma comunidade de espírito (*homonoia*) e relações amistosas por intermédio de intercasamentos e, portanto, de elos familiares."

Poucos textos deram lugar a um número tão grande de comentários opostos, pois o problema apresentado por essa tradição é complicadíssimo. A coerência aparente dos planos atribuídos a Alexandre talvez seja simplesmente fictícia. Ela repousa, com efeito, ao menos em boa parte, sobre a articulação afirmada entre uma expedição de circum-navegação da Arábia até o Egito e sobre o projeto de prosseguir a guerra até o Mediterrâneo ocidental. Mas mesmo a primeira parte do plano deve ser vista com

7. Embarcação da Antiguidade que dispunha de três ordens de remos. (N.T.)

cautela, como se depreende de resto da formulação muito discreta de Arriano. Não há dúvida de que em 324 a.C. Alexandre confiou a oficiais a missão de efetuar essa circum-navegação, mas é não menos marcante o fato de todos eles terem fracassado – o que se compreende facilmente, por causa das dificuldades técnicas inauditas. Nada permite afirmar, de fato, que Alexandre pudesse simplesmente, no caso, retomar as tradições aquemênidas: a despeito de uma declaração de Dario I sobre uma das estelas do canal que ele reabriu entre o Nilo e o mar Vermelho (por volta de 500-490 a.C.), nunca existiu linha de comunicação direta e regular entre o mar Vermelho e o Golfo Pérsico na época da dominação persa.[8] Em 324-323 a.C., o principal objetivo de Alexandre era sobretudo botar a mão na margem árabe do Golfo Pérsico, como Nearco havia feito na margem persa (p. 76-79): ele certamente não tinha nenhuma vontade de arriscar todas as suas forças em um empreendimento impossível. Mesmo que formalmente essas observações não reduzam a nada a existência de planos ocidentais de Alexandre, elas servem para lembrar que, no mínimo, o estudo do conjunto dos documentos deve incitar muita prudência.

8. Ver J. F. Salles, *TMO*, 16, Lyon, 1988, p. 75-102; P. Briant, *Ach-Hist*, VI, 1991, p. 76-79; Ch. Tuplin, *ibid.*, p. 270-278; S. Amigues, *Topoi*, 6/2, 1966, p. 671-683.

Capítulo III

As resistências à conquista

Nem a constância com que Alexandre avançou nem seu sucesso final devem fazer crer que ele tenha conseguido completar seu empreendimento harmoniosamente, sem tropeços. Muito ao contrário, ele se chocou com uma resistência prolongada por parte de Dario e dos exércitos aquemênidas (334-330 a.C.). Essa resistência apresentava um perigo ainda maior devido ao risco de se combinar com uma revolta na Grécia da Europa (333-331 a.C.). Nos três anos que se seguiram à morte de Dario (330-327 a.C.), o exército macedônio esteve ameaçado de derrota na Bactriana e na Sogdiana; paralelamente, desenvolveu-se uma oposição no interior do exército que forçou Alexandre a interromper sua aventura sobre o Hifase (verão de 326 a.C.).

I. A resistência oposta por Dario (334-330 a.C.)

1. **As forças presentes** – Seria um grave erro de perspectiva subestimar a capacidade de resistência do império aquemênida e o valor de seu chefe. Em 334 a.C., a relação numérica das forças era largamente favorável aos persas. Diante dos trinta mil soldados de infantaria e dos cinco mil cavaleiros de Alexandre, o império aquemênida podia mobilizar exércitos consideráveis, apesar de sabermos que é preciso cautela com dados antigos. Igualmente ilimitados eram os recursos financeiros do Grande Rei, que dispunha de tesouros acumulados em Susa, Ecbátana, Persépolis e Babilônia. Ao contrário de uma ideia persistente, o império aquemênida do século

IV a.C. não entrara numa fase de decadência acelerada. Não se vislumbra crise econômica nem descontentamento generalizado. O Grande Rei ainda podia contar com a fidelidade das grandes famílias persas, bem como com a colaboração das elites locais. As diferentes etapas da conquista macedônia demonstram, por outro lado, que a marcha de Alexandre foi dificultada pelos exércitos reais e, por vezes, pela resistência dos povos e das cidades.[1]

É verdade que o exército macedônio, conduzido por Alexandre, dispunha de superioridade técnica e destreza inegáveis. Alexandre herdara de Felipe um exército com total domínio da arte das batalhas campais. Alexandre, por sua vez, era um tático sem igual, que se caracterizava sobretudo por sua extraordinária capacidade de adaptação. Diante do exército real de Dario, cujo alistamento só ocorreu em circunstâncias excepcionais, o exército macedônio adquiriu reflexos de um exército quase profissional. No entanto, os exércitos aquemênidas dispunham de contingentes perfeitamente treinados, e Dario soube introduzir inovações técnicas.[2] Ele dispunha, além disso, de uma superioridade naval que, em 334 a.C., lhe assegurava, em princípio, o controle do mar Egeu.

2. **Fragilidades e riscos da posição estratégica de Alexandre** – Mas a comparação do número de combatentes e dos métodos de combate não permite compreender a evolução das operações. No plano estratégico, é importante destacar que, em maio de 334 a.C., a posição de Alexandre não era tão segura quanto podia parecer. Ainda

1. Sobre a situação do império aquemênida, cf. P. Briant, *Histoire de l'Empire perse*, Paris (1966), p. 712-823.

2. Ver por exemplo P. Briant, *Note d'histoire militaire achéménide*. Sobre os elefantes de Dario III, em P. Brulé e J. Oulhen (ed.), *Esclavage, guerre, économie en Grèce ancienne. Hommages à Y. Garlan*, Rennes, 1997, p. 177-190.

que, ao contrário de uma visão herdada da Antiguidade, ele dispusesse de recursos monetários e financeiros suficientes[3], nem por isso podia se permitir qualquer passo em falso. Na verdade, ele sabia muito bem que um fracasso seria um encorajamento para os "revanchistas" nas cidades gregas. Para resumir, Alexandre estava condenado à vitória.

Outro claro trunfo de Dario: à medida que avançava pelos territórios imperiais sem vencer a oposição aquemênida, Alexandre via sua situação estratégica se tornar cada vez mais crítica. O exército macedônio, "ilha movediça dentro de um território inimigo" (E. Badian), por pouco não se viu batido por dois contra-ataques persas que se desenrolaram sobre suas retaguardas, após as batalhas do Granico (maio de 334 a.C.) e de Issos (novembro de 333 a.C.).

Por mais importante que tenha sido (Alexandre não foi arremetido ao mar), a batalha do Granico não permitiu ao macedônio ter esperança de subjugar a Ásia Menor sem combate. Grande parte dos exércitos persas conseguiu deixar o campo de batalha e recuar para Mileto, onde Memnon assumiu o comando, e depois para Helicarnasso, após a queda de Mileto. Era grande a vontade de resistência de todas essas tropas, especialmente entre os mercenários gregos, de quem a conduta selvagem de Alexandre depois da batalha retirara qualquer desejo de deixar o partido de Dario.

Memnon e Orontobates puseram Helicarnasso em estado de sítio. O primeiro recebeu de Dario a missão de se lançar à reconquista das ilhas e do litoral. Para Alexandre, paralisado pela ação dos defensores de Helicarnasso (verão de 334 a.C.), o perigo era considerável. Ele mesmo escolhera bater-se de costas para o mar; em Mileto

3. Ver G. Le Rider, *Alexandre le Grand. Monnaie, finance, politique*, Paris, PUF, 2003, p. 103-117.

(julho-agosto), ele de fato tomara a decisão de dispensar sua frota, composta de contingentes gregos: achava que ela não tinha a menor chance de vencer a frota fenícia, amplamente superior em número e qualidade; o rei, por outro lado, temia uma revolta da tripulação grega; por fim, ele não dispunha das reservas financeiras necessárias para manter essa força naval: ao menos é assim que Arriano explica a decisão de Alexandre, que continua a ensejar alguns problemas. Seja como for, o rei decidira lutar em terra contra a superioridade marítima persa, colocando sob seu domínio todas as regiões de onde Dario obtinha sua frota e tripulações, ou seja, as costas da Lícia e Panfília, da Cilícia e da Síria e Fenícia.

Mas uma estratégia dessas implicava um risco considerável: o de ficar preso entre dois fogos, o de Dario, que mobilizava em massa, e o de Memnon, que obtinha sucessos consideráveis em sua empreitada de reconquista da costa da Anatólia, e cuja ação suscitava imensas esperanças (ilusórias, aliás) nas cidades gregas da Europa. A despeito da importância excessiva que os autores antigos lhe atribuem, a morte de Memnon diante de Mitilene de Lesbos (verão de 333 a.C.) em nada modificou a situação: seus sucessores, Farnabazo e Autofradates, não relaxaram os esforços; eles adotaram uma estratégia mais ofensiva, apoderando-se de numerosas ilhas, onde foram reafirmados os princípios da dominação persa tal como haviam sido definidos em 386 a.C. por Artaxerxes II.[4]

Ao partir de Gordion da Frígia, por volta de 333 a.C., a situação de Alexandre era, portanto, ainda pouco segura. Pouco antes de Issos, a aliança de seus inimigos estava de fato a ponto de se realizar, uma vez que o rei Ágis de Esparta preparava-se para se juntar a Autofradates e Farnabazo em Sifnos. A vitória de Issos salvou Alexandre

---

4. Sobre as operações navais de Memnon e de seus sucessores, ver P. Briant, *Histoire de l'Empire perse*, p. 843-848.

de um desastre possível e lhe permitiu voltar-se às cidades fenícias – Tiro em primeiro lugar –, que continuavam sendo seu objetivo principal nesse momento. Contudo, escrever, como fez R. Cohen, que "nenhum vencedor foi mais livre em seus movimentos do que Alexandre depois de Issos" constitui um grave contrassenso. Bem ao contrário, abre-se então um dos períodos mais críticos da expedição (outono de 333-primavera de 332 a.C.).

Com efeito, após a derrota de Issos, milhares de cavaleiros persas fugiram para o norte sob o comando de chefes ilustres. Procedendo à retirada de forma ordenada, eles fizeram o percurso da via real e foram se instalar em regiões que continuavam, *de facto*, fora da dominação macedônia, ou seja, a Capadócia e a Paflagônia. Ali eles instituíram o recrutamento e se viram rapidamente à frente de forças consideráveis (fim de 333-começo de 332 a.C.). A cunhagem de moedas de Sínope com os nomes de Mitropastes, Orontobates e Hidarnes deve certamente estar relacionada à atividade dos persas. O objetivo deles era reconquistar toda a Ásia Menor, além do Hális.

Porém, nessa época, Dario começara a reunir um novo exército na Babilônia; a frota fenícia continuava no mar; na Europa, Ágis de Esparta, embora isoladamente, fazia preparativos; Alexandre estava imobilizado há vários meses diante de Tiro: os tirienses pretendiam resistir o maior tempo possível para permitir ao Grande Rei concluir seus preparativos. Alexandre, por outro lado, não podia levantar o cerco, sob pena de perder qualquer chance de levar a termo seu projeto de conquista da costa fenícia, da qual dependia toda a sequência da campanha. A situação era portanto delicada: ele corria o perigo de ficar preso entre tenazes.

Diante de situação tão excepcional, ele confiou a Antígono, o Caolho, sátrapa da Grande Frígia, o comando de todos os exércitos da Ásia Menor reunidos. Homem de guerra notável, Antígono, com a ajuda de outros sátrapas (Kalas, Nearco, Balakros), conseguiu quebrar o contra-ataque persa na primavera de 332 a.C. Essas vitórias, sem dúvida alguma, aliviaram consideravelmente Alexandre no exato momento em que as esquadras fenícias, cipriotas e cilícias vieram se alinhar sob sua autoridade. A queda de Tiro (verão de 332 a.C.) lhe permitiu realizar o programa que havia estabelecido no verão de 333 a.C.: desfazer as bases continentais da marinha aquemênida. Contudo, a partida não estava ganha: a despeito do choque causado pela notícia de Issos, e embora enfraquecido, Farnabazo prosseguiu suas atividades até o outono de 332 a.C.: Alexandre teve dificuldade para desfazer a praça-forte de Gaza, poderosamente defendida por seu governador, Batis; e, enquanto isso, Dario reunia e preparava seu novo exército.

3. **Dario e os persas diante de Alexandre** – Deve-se então, para explicar a derrota aquemênida, insistir na inferioridade do comando persa? Muitos historiadores modernos atribuem o essencial das responsabilidades a Dario, considerado um covarde nos campos de batalha e um incapaz nas negociações diplomáticas. Esse já era o julgamento divulgado pelas fontes gregas que, nutridas por um incrível complexo de superioridade, adquiriram o hábito de empregar automaticamente certas palavras ao falar da Pérsia: fraqueza, luxo, luxúria, bebedeira, covardia. Os gregos encontravam nisso uma cômoda justificativa para as conquistas. É deplorável constatar que uma corrente dominante da historiografia europeia incorporou esses temas, para pintar de Alexandre o retrato do "soldado da civilização".

Por causa da insuficiência e das contradições das fontes antigas, a reconstituição das batalhas antigas, embora muito apreciadas pelos amadores de *wargame*, apresenta problemas praticamente insolúveis. Entretanto, estudos recentes sugerem que Dario não foi o estratega estúpido que os historiadores se esforçaram em descrever. Também não foi, certamente, o "rei covarde" que os autores antigos e modernos apresentam de maneira sistemática.[5]

Chega a surpreender a constatação de que Dario não utilizou sua esmagadora superioridade naval para barrar a rota do Helesponto, e que não se precipitou, à frente do exército real, para repelir Alexandre até o mar. Essa inatividade parece ainda mais inexplicável pelo fato de que ele não podia ignorar os preparativos de Alexandre. Considerando o vazio documental, basicamente se deve reconhecer que a estranha ausência da frota permanece inexplicável ou, pelo menos, que nenhuma das interpretações habitualmente apresentadas ultrapassa o estágio da verossimilhança. Quanto à eventual convocação do exército real, é preciso de fato destacar que, ao longo de toda a história aquemênida, uma medida dessas seria uma exceção raríssima. É provável que, em 334 a.C., Dario e os seus considerassem o desembarque uma nova tentativa fadada ao fracasso. Erro fatal de apreciação? Impossível garantir, salvo se adotarmos um raciocínio fácil *post eventum*, que pressupõe evidente o que não poderia sê-lo para o estado-maior persa em 334 a.C.

Diante do exército de Alexandre, Dario adotou portanto as medidas habituais. Ordenou ao sátrapa da Frígia Helespôntica, Arsites, que se pusesse à frente dos contingentes que lhe foram trazidos pelos diferentes sátrapas da Ásia Menor e enfrentasse o exército macedônio em batalha campal na Frígia. Os autores antigos descrevem a realização de um conselho de guerra em torno de Arsites.

5. Ver minha obra *Darius dans l'ombre d'Alexandre* (Paris, Fayard, 2003), onde se encontrará documentação e bibliografia.

Segundo Arriano e Diodoro, duas estratégias se opuseram então. Diodoro, como de hábito, confere uma posição eminente a Memnon, que, parece, propunha aplicar a estratégia da terra queimada. Arriano escreve (I, 12, 10):

"Mas Arsites, dizem, declarou durante a reunião que não toleraria que fosse incendiada uma única casa dos que estivessem sob seu governo; e foram muitos os persas que concordaram com ele, por suspeitarem que Memnon pudesse voluntariamente fazer a guerra se arrastar por muito tempo, devido às honras que recebia do rei."

Tomando o partido de Memnon, Diodoro afirma que Arsites e os chefes persas recusaram suas propostas, "sob o pretexto de que a atitude que ele preconizava era indigna da impetuosidade generosa (*megalopsychia*) dos persas". A partir de Diodoro, criou-se o mito de que os persas, cegados por seu "espírito cavalheiresco", teriam adotado um plano que Diodoro sem nenhuma dificuldade qualificou de ruinoso. Na realidade, o conselho de guerra não tinha a possibilidade de escolher uma estratégia em vez de outra: Arsites e seus colegas tinham recebido do próprio Dario a ordem de enfrentar Alexandre em batalha campal. Na verdade, a superioridade presumida da cavalaria persa e a superioridade numérica de seu exército podiam fazer com que Arsites se achasse capaz de sair vitorioso.

Quanto ao pânico postulado de Dario diante dos primeiros sucessos macedônios, ele é sobretudo induzido por uma tradição antiga relativa a seus "abandonos territoriais". Os autores de Alexandre afirmam, de fato, que por três (ou duas) vezes depois de Issos, Dario realizou aberturas diplomáticas para recuperar membros de sua família, feitos prisioneiros após a batalha. Esse ponto não pode ser negado. Mas eles acrescentam que, primeiro em Tiro (332 a.C.), depois no momento em que Alexandre atravessava o Eufrates (verão de 331 a.C.), o Grande Rei prometeu a Alexandre a mão de uma de suas filhas e ofereceu-lhe ceder uma parte dos territórios imperiais, até o Hális (embaixada de Tiro), depois até o Eufrates. Quinto Cúrcio afirma, além disso, que esses territórios eram concedidos a título de dote da princesa prometida ao macedônio. Mas essa tradição é eminentemente suspeita. Ela absolutamente não corresponde às decisões estratégicas e às atividades militares comprovadas de Dario entre Issos e Gaugamela. De resto, o próprio Diodoro sabia que, durante um conselho realizado com seus próximos, Alexandre apresentou uma carta falsa de Dario. Esses "abandonos" devem ser considerados, na realidade, como parte da propaganda macedônia. Dario estava decidido a lutar até o fim, mesmo depois de Gaugamela, num momento contudo em que a sorte das armas pendia de maneira cada vez mais inquietante a favor de seu adversário.[6]

II. Resistência subterrânea e revolta aberta na Grécia

Ao mesmo tempo, a Grécia não permanecia inativa. Ao chegar à Ásia Menor em maio de 334 a.C., Alexandre estava perfeitamente consciente do perigo: ele confiara a Antípatro a missão de vigiar as cidades gregas e, para isso, deixara com ele um exército de quinze mil soldados de infantaria e 1,5 mil cavaleiros. A revolta aberta veio de Esparta, que não aderiu à Liga de Corinto e que, por isso, não enviou contingentes para Alexandre; Ágis II, rei desde 338 a.C., tinha portanto as mãos livres para preparar o exército espartano. Seu objetivo era agir em colaboração com o Grande Rei. Em 333 a.C., ele decidiu se engajar completamente ao lado dos persas e foi se encontrar em Sifnos com os navarcos Autofradates e Farnabazo. Infelizmente para ele, sua chegada coincidiu com a notícia da derrota de Dario

6. Sobre todos os pontos que acabam de ser mencionados, remeto a meu livro *Histoire de l'Empire perse* (1996), p. 848-859.

em Issos, que arruinou as últimas esperanças de realizar uma ação plenamente coordenada na Ásia e na Europa.

Em 331 a.C. explodiu uma revolta na Trácia: o estratega Memnon decidiu, ao que parece, tornar-se independente. Essa sublevação foi voluntariamente coordenada com a de Ágis? Não se pode afirmar com certeza, mas é verdade que Ágis iniciou as hostilidades na mesma data. Ocupado com o front trácio, Antípatro enviou o estratega Korragos para o Peloponeso: Korragos foi vencido e morto. Lendo Ésquines (*Contra Ctésifon*, 165), pode-se imaginar qual tenha sido a repercussão dessa primeira derrota de um exército macedônio:

"Os lacedemônios e as tropas mercenárias tinham vencido a batalha e aniquilado o exército de Korragos. Os elidenses se juntaram a eles, bem como todos os aqueus, com exceção de Megalópolis. Esta estava sitiada, e todos os dias se esperava vê-la cair. Alexandre cruzara o polo e quase os limites do mundo. Antípatro reunia lentamente seu exército, e o futuro era incerto."

Alexandre acompanhava com preocupação os acontecimentos peloponesianos e tomou medidas para lutar contra Ágis. Na primavera de 331 a.C., em Tiro, para felicitar Atenas e encorajá-la na via da não intervenção, consentiu finalmente que fossem libertados os mercenários atenienses feitos prisioneiros no Granico: pouco depois, o navarco Anfoteros foi enviado para "ajudar os peloponesianos que estavam muito confiantes no resultado da guerra persa e que não obedeciam aos lacedemonianos" (Arriano, III, 6, 3); finalmente, antes de se dirigir ao Eufrates, deu a Antípatro a ordem de transigir (provisoriamente) com Memnon e se colocar contra Ágis. Antípatro contratou contingentes da Liga de Corinto; a batalha aconteceu em outubro de 331 a.C., sob os muros de Megalópolis: os espartanos foram vencidos, e o rei Ágis perdeu a vida. Nem assim Alexandre se livrou de suas preocupações, razão pela qual o vemos multiplicar durante vários meses (fim de 331-começo de 330 a.C.) os gestos de boa vontade em relação aos gregos da Europa. Sem desempenhar papel determinante no resultado da luta, a revolta de Ágis certamente suscitou em Alexandre preocupações sobre a solidez de suas bases europeias.[7]

III. Resistências e represálias nas satrapias orientais (330-327 a.C.)

Mas muito mais grave foi a feroz resistência das satrapias orientais após a morte de Dario. Cerca de três anos foram necessários para subjugar apenas Bactriana e Sogdiana, dirigidas por Bessos e depois por Espitamenes.

1. **O fracasso de Bessos e a guerrilha de Espitamenes** – Depois de desempenhar o papel principal na conspiração contra Dario, Bessos retornou à sua satrapia de Bactriana. Ali, conclamou os habitantes a se sublevar "para defender sua liberdade", proclamando-se rei sob o nome de Artaxerxes. Ele pôde contar com o apoio de Satibarzanes, sátrapa de Ária, que Alexandre mantivera em seu posto. O novato Artaxerxes foi recebido em Báctria por Oxyartes e Espitamenes, à frente de um grande contingente sogdiano, que reforçaram os sete mil cavaleiros contratados por Bessos.[8]

---

7. Sobre os problemas ligados à cronologia da revolta de Ágis e sobre os estudos anteriores de Badian, ver o artigo de E. Bloedow, em *Festchrift für H. Schmitt*, Stuttgart (1995), p. 23-41.

8. Ver P. Briant, *L'Asie centrale et les royaumes proche-orientaux au Ier millénaire*, Paris, 1984, p. 81-88; novos documentos publicados em S. Shaked, *Le satrape de Bactriane et son gouverneur*, Paris, De Boccard, 2004. A incerteza continua grande a respeito de um ou outro episódio: cf. F. Grenet – C. Rapin, *Bulletin of Asia Institute*, 12 (1998) [2001], p. 79-89.

Bessos planejara devastar o planalto bactriano diante de Alexandre, depois travar uma batalha contra um exército macedônio esgotado pelas privações. Mas a ofensiva lançada por Alexandre na primavera de 329 a.C., a partir dos Paropamisades, surpreendeu o chefe bactriano, que decidiu recuar para o outro lado do Oxus, queimando as embarcações que lhe haviam permitido atravessar o rio. Ele foi então abandonado pelos sete mil cavaleiros bactrianos. O exército macedônio conseguiu atravessar o Oxus em cima de sacos de pele cheios de palha. Oxyartes e Espitamenes traíram Bessos e o entregaram a Alexandre.

Mas a captura de Bessos não resolveu a questão, pois em seguida Espitamenes encabeçou uma revolta muito mais perigosa. Ao contrário de Bessos, que de alguma maneira se mantinha preso a concepções militares aquemênidas (batalhas campais), o chefe sogdiano compreendia perfeitamente que devia utilizar contra Alexandre todos os trunfos naturais e humanos da Sogdiana e da Bactriana, cobertas de praças-fortes naturais, e que o exército macedônio não estava preparado para enfrentar as emboscadas nem para impedir os ataques de surpresa. A resistência de múltiplas cidades e guarnições inicialmente obrigou Alexandre a empreender uma desgastante guerra de cercos. A situação era, portanto, diferente daquela das satrapias ocidentais, onde, em geral, a queda da capital satrápica anunciava a submissão da satrapia.

Contra o exército macedônio, obrigado a conquistar e manter múltiplas praças-fortes, Espitamenes adotou resolutamente uma tática de assédios e ataques de surpresa, desaparecendo à chegada do inimigo e reaparecendo onde ninguém o esperava. Diante de um inimigo tão desconcertante, o rei tentou melhorar a mobilidade do exército, destacando contingentes encarregados de perseguir Espitamenes no local onde ele tinha sido visto. Mas o sogdiano contratara citas, que o avanço de Alexandre para o norte e a fundação de Alexandria sobre o Iaxartes (329 a.C.) tinham deixado muito inquietos. Contudo, os soldados macedônios se adaptaram gradativamente à guerrilha, e Alexandre pôde em pouco tempo recrutar cavaleiros entre os nobres bactrianos e sogdianos aliados.

Por outro lado, a colaboração dos citas era frágil e ambígua, como se depreende das reflexões de Arriano (IV, 17, 4-5): "Esses citas estão numa grande indigência, e como não têm cidade nem instalações permanentes e não temem por seus entes queridos é, pois, fácil persuadi-los a entrar em qualquer guerra que lhes ofereçam fazer."

Por trás dessa pintura estereotipada do nômade[9], convém compreender que na realidade nem todos os povos das estepes pegaram em armas contra Alexandre: a resistência dos sakas, do outro lado do rio Sir Dária (Iaxartes), não durou muito: a paz foi logo firmada (329 a.C.). Quando os contingentes sogdianos e bactrianos passaram para o lado de Alexandre, os masságetas massacraram Espitamenes, pensando assim "dissuadir Alexandre de atacá-los". Se acrescentarmos que um número cada vez maior de nobres bactrianos e sogdianos se rendiam, só podemos manifestar as mais vivas reservas sobre o caráter "nacional" que se atribui normalmente a essa revolta. Em vez de uma revolta, melhor falar de diversas revoltas, de amplitude, duração e objetivos diferentes.

Para compreender perfeitamente o perigo a que se expuseram os macedônios nos anos 329-327 a.C., convém também esclarecer que o rei e seus lugares-tenentes tiveram de combater em diversas frentes. Para marchar contra Bessos o mais depressa possível, Alexandre havia, de fato, deixado para trás regiões mal submetidas, nas mãos de sátrapas iranianos cuja fidelidade era ainda frágil

9. Cf. P. Briant, *État et pasteurs au Moyen-Orient ancien*, Paris – Cambridge, 1982, p. 9-56.

e vacilante. Bessos pôde até nomear um sátrapa na Pártia. Na Ária, Satibarzanes se sublevou por duas vezes, e dois outros sátrapas iranianos, Arsakes na Ária e Oxydates na Média, se recusaram a colaborar. Os distúrbios prosseguiram até 328 a.C., ou seja, bem posteriormente à captura de Bessos em Sogdiana (meio do verão de 329 a.C.).

2. **Alexandre e os insubmissos** – Mas o fracasso final de Espitamenes se explica também pelos métodos adotados por Alexandre para quebrar a resistência moral e militar das populações. Sem recorrer à visão polêmica que (instigado por Agostinho de Hipona) Orose, o Cristão, desenvolveu no século IV de nossa era contra Alexandre, "voragem de desgraças e o mais atroz dos ciclones para todo o Oriente" (III, 7, 5), deve-se reconhecer que o rei macedônio não hesitou em castigar sem piedade seus opositores, inclusive coletivamente.[10] A guerra de cercos contra as cidades de Sogdiana foi realizada com uma brutalidade inaudita. Em Gaza, ele deu ordem "para massacrar toda a juventude... A cidade de Cirópolis foi arrasada." As colunas móveis que Alexandre formou para melhorar a rapidez de intervenção de seu exército se parecem muito com "colunas infernais". Em represália contra o aniquilamento de uma formação do exército macedônio em 328 a.C., Alexandre "dividiu suas tropas e deu ordem para botar fogo nos campos e massacrar os jovens... a fim de que todos os que traíram tivessem de sofrer, da mesma maneira, os horrores da guerra" (Quinto Cúrcio, VII, 9, 22). O objetivo de Alexandre era claro: afastar Espitame-

10. Sobre este ponto, veremos as interpretações de A. B. Bosworth, *Alexander and the East*, Oxford, 1996, e seu estudo comparativo entre Alexandre e Cortés em *Alexander the Great in fact and fiction*, Oxford (2000), p. 23-49; leremos em contraponto as observações críticas (justificadas) de F. Holt, *AHB*, 13/3, 1999, p. 115-117, e as minhas em *Studi Ellenistici*, 2005, p. 49 sq.

nes da população camponesa. Os resultados não se fizeram esperar: no ano seguinte, ao anúncio da chegada dos macedônios, camponeses expulsaram de seus vilarejos os soldados de Espitamenes que acreditavam poder acampar ali.

Estamos, portanto, longe da atitude "cavalheiresca" de Alexandre, louvada livremente pelos autores antigos durante a guerra contra Dario. As condições haviam se modificado. Alexandre estava cada vez mais irritado com o atraso que essas insubmissões impunham à sua expedição indiana. Ele compreendia, por outro lado, que a ferocidade da guerra e a insegurança das posições de conquistador de seus inimigos podiam muito bem alterar o moral de suas tropas. Em suma, ele não conduzia uma guerra clássica contra um adversário estabelecido e legal, mas contra bandos esparsos de rebeldes, que Quinto Cúrcio qualifica sintomaticamente de "salteadores" (*latrones*). Ao partir para a Índia, Alexandre sabia perfeitamente que a submissão das duas satrapias continuava precária. Então, acrescentou a captura de reféns aos massacres:

"Para evitar em suas retaguardas qualquer sublevação capaz de entravar seus projetos, Alexandre recrutou em todas as províncias trinta mil jovens, que tiveram de se apresentar a ele em armas: eles iriam lhe servir ao mesmo tempo de reféns e de soldados" (Quinto Cúrcio, VIII, 5, 1).

Alexandre aplicou os mesmos métodos na Índia, onde, após a batalha campal contra Poros, teve outra vez de enfrentar revoltas massivas. A campanha contra os malienos (326 a.C.) foi uma verdadeira guerra de extermínio, a ponto de Arriano (VI, 14, 3) ter chamado de "sátrapa dos malienos sobreviventes" o sátrapa nomeado por Alexandre. Aconteceu o mesmo em Gedrósia, segundo disse Diodoro (XVII, 104, 6-7).

IV. Insatisfação e oposição dos soldados macedônios (330-324 a. C.)

A dificuldade da posição de Alexandre durante esse período foi ainda acrescida pela oposição que o exército macedônio não parou de manifestar ao prosseguimento da expedição. Dessa vontade de retornar à Macedônia, a atitude dos soldados na ocasião do saque de Persépolis (primavera de 330 a.C.) constitui o primeiro testemunho, assim transmitido por Plutarco (*Alexandre*, 38, 6-7):

"...Os outros macedônios que escutavam a notícia acorriam todos felizes com as tochas: eles pensavam que, ao queimar e arruinar os palácios dos bárbaros, Alexandre demonstrava saudades do país natal e vontade de não se fixar na terra deles."

Algumas semanas mais tarde, os soldados manifestaram de novo seu cansaço, justo no momento em que Alexandre queria acelerar a marcha contra Dario fugitivo. A dispensa dos contingentes gregos ensejou o nascimento de falsas esperanças no exército:

"Espalhou-se... o rumor (sem que nada autorizasse) de que o rei, satisfeito com o que realizara, tinha decidido voltar imediatamente à Macedônia. Os soldados, como loucos, correm em todos os sentidos para as tendas; eles preparam seus pacotes para a viagem: tinha-se a impressão de que, no acampamento inteiro, fora dada a ordem de juntar as bagagens. Uns procuravam seus companheiros de tenda, outros carregavam seus carros..." (Quinto Cúrcio, VI, 2, 15-16).

Depois de persuadir os outros oficiais a permanecerem unidos em torno dele, Alexandre convocou o exército em assembleia e fez um longo discurso, insistindo sobretudo na fragilidade das conquistas já realizadas. Os argumentos aparentemente convenceram os soldados, que, no dizer de autores antigos, instaram eles mesmos com Alexandre para que "os conduzisse para onde quisesse no mundo".

O episódio mostra que, em Persépolis, o próprio Alexandre teria modificado uma estratégia inicial limitada, que consistia em voltar para a Europa depois de devidamente concluída a "guerra de represálias"? Diante de uma tradição literária contraditória e falha, a inscrição grega recentemente utilizada para argumentar nesse sentido é excessivamente incerta e ambígua para fundamentar tal interpretação com total certeza.[11] O caso mostra sobretudo que, desde a partida, Alexandre e seus íntimos, de um lado, e a massa de soldados, do outro, tinham uma visão diferente da expedição que se iniciava, e que Alexandre não mostrara ambições que teriam ido de encontro a seus soldados e alguns dos chefes. A ferocidade e a incerteza dos combates em Sogdiana e Bactriana contribuíram para acentuar ainda mais o mal-entendido entre Alexandre e os seus, no mesmo momento em que, por outras razões, uma parte dos nobres macedônios manifestava sua oposição aos métodos de governo de Alexandre. Diante da notícia do extermínio de uma divisão inteira, Alexandre teve uma reação altamente significativa do desânimo profundo do exército: "Ele teve a destreza de esconder esse desastre e, sob pena de morte, proibiu aos sobreviventes de divulgar a realidade" (Quinto Cúrcio, VII, 7, 39). A crise final explodiu em 326 a.C. na Índia, às margens do Hifase. Quando souberam que o rei tinha o projeto de prosseguir a expedição para o Ganges, os soldados se recusaram a segui-lo. Alexandre teve finalmente de ceder e ordenar o retorno, decisão que provocou uma explosão de alegria no

11. Trata-se de uma inscrição da cidade de Felipes da Macedônia, cujo texto encontra-se em M. Hatzopoulos, *Macedonian Institutions under the Kings*, I (1996), p. 25-28. A interpretação foi apresentada pelo mesmo autor, "Alexandre en Perse: la revanche et l'empire", *ZPE*, 116, 1997, p. 41-52. O documento suscitou uma imensa bibliografia, e a interpretação, algumas oposições: ver, por último, a crônica de M. Hatzopoulos em *REG*, 111 (1998), p. 625-626.

acampamento. Como explica o porta-voz Koinos, a principal razão da recusa dos soldados era o esgotamento físico total no qual eles se encontravam. Desde 330 a.C., Alexandre vinha impondo a seus soldados esforços cada vez mais intensos, numa natureza cada vez mais hostil e sob climas tão penosos quanto brutalmente contrastantes. Durante a travessia do Hindu Kush (329 a.C.), os homens se viram cegados pela neve e atormentados pela fome, e os feridos e os retardatários foram abandonados na beira do caminho.

O cansaço e o desânimo dos soldados se explicam também pela brutalidade de certas medidas de Alexandre. Foi o caso, especialmente, do inqualificável assassinato de Parmênio, em Ecbátana, no ano de 330 a.C., por sicários de Alexandre, que revoltou os soldados da guarnição. Alexandre recorreu à velha astúcia para inventariar e reunir os rebeldes e oponentes:

"Ele alistou em uma única unidade, que chamou de 'Batalhão dos indisciplinados', os que alimentavam contra ele propósitos hostis, os que se tinham indignado com a morte de Parmênio, além dos que, em cartas expedidas para a Macedônia, tinham escrito coisas contrárias ao interesse do rei. Ele não queria que a franqueza descabida daquela linguagem corrompesse o resto do exército" (Diodoro, XVII, 80, 4).

Outros autores especificaram que o próprio rei incentivara seus soldados a escreverem aos familiares e que, secretamente, tinha mandado lhe trazerem os maços de cartas. Ao reunir essas cabeças vigorosas em um regimento especial, "a vontade do rei era expô-las à morte ou distribuí-las em colônias no fim do mundo" (Justino, XII, 5, 8).

Por outro lado, os macedônios, sobretudo os mais velhos, tinham pressa de rever seu país e gozar em paz o saque reunido na Ásia. Mas a viagem de volta, a partir da Índia, aconteceu baseada num mal-entendido fundamental. Os soldados estavam persuadidos de que retornariam à Macedônia definitivamente, com o rei à frente. Mas não era essa a intenção de Alexandre. Por isso, a cólera foi grande quando, em Opis (324 a.C.), os soldados perceberam "que Alexandre estabeleceria para sempre na Ásia o centro do reino".[12] Nenhum outro episódio dá uma ideia melhor da diferença de atitude dos macedônios e de seu rei diante do fenômeno da conquista. Os primeiros só haviam deixado os horizontes europeus a contragosto; já Alexandre, ao contrário, tinha decidido se instalar na Ásia a título definitivo, conclamando os iranianos a seu serviço, e a prosseguir a obra de conquista em direção à Arábia. Aos olhos dos simples soldados, parecia certo que os novos empreendimentos em que o rei queria lançá-los correspondiam cada vez mais a empreendimentos pessoais, com os quais eles se sentiam cada vez menos solidários.

---

12. Quinto Cúrcio, X, 2, 12. Sobre a atitude dos soldados macedônios, ver P. Briant, *Rois, tributs et paysans*, Paris, 1982, p. 73-81.

Capítulo IV

Administração, defesa e exploração dos territórios conquistados

I. Os diferentes graus da autoridade real

Em princípio, todos os territórios conquistados dependiam diretamente do rei e de sua administração, mesmo que só por "direito de lança". Mas por trás desse princípio de soberania total e universal, muitas vezes lembrado por Alexandre, escondia-se na realidade uma grande diversidade de status e de situações. A marcha de Alexandre de fato foi rápida, sobretudo em certas regiões. Ele não se preocupou em subjugar o império aquemênida totalmente, nem em toda parte; o resultado foram situações regionais bastante díspares, herdadas muitas delas dos Grandes Reis, que haviam deixado subsistir amplas autonomias locais. A fórmula "soberanos, reis, cidades, povos", que revela adequadamente a diversidade do império de Dario, pode ser aplicada também, em grande medida, ao império de Alexandre. Assim, para simplificar, dentre os diferentes graus de sujeição distinguem-se as regiões administradas diretamente pelos sátrapas reais e as regiões de "governo indireto", onde o caso específico das cidades gregas será tratado à parte.

1. **A administração satrápica** – Seria cansativo passar em revista aqui as (cerca de) vinte satrapias com que conta o império de Alexandre por volta de 325 a.C. Vale mais a pena tentar destacar os princípios que guia-

ram Alexandre em sua prática administrativa.[1] Fica desde logo evidente que ele conservou a maior parte das estruturas aquemênidas, especialmente as satrapias, cujos limites, salvo exceção, não foram modificados. Ficaríamos tentados a admitir que o rei, inspirado nos deploráveis exemplos das revoltas dos sátrapas persas no século IV, procurou diminuir os poderes de seus próprios sátrapas, com a preocupação dominante de manter a unidade do império em torno da sua pessoa. Mas, nesse campo, os fatos e os exemplos são contraditórios. Certas decisões reforçam essa ideia; sabe-se, por exemplo, que ele teve o cuidado de dividir as satrapias excessivamente extensas; assim, a Síria foi (talvez) amputada da Fenícia em 329 a.C. De fato, Alexandre é um pragmático que sabe lidar com as necessidades: parece que os dois nomarcas[2] nomeados no Egito em 332/331 a.C. (um dos quais iraniano, Doloaspis) – um recusou o posto – apenas foram investidos de poderes teóricos: Cleomene, em pouco tempo, concentrou todos os poderes civis; é verdade que o grego de Náucratis era um notável cobrador de impostos.[3]

Por outro lado, algumas vezes Alexandre decidia repartir as atribuições satrápicas entre vários titulares. Assim, no Egito e nas satrapias orientais (dirigidas por um sátrapa iraniano), o poder militar foi confiado a um ou a diversos macedônios. Contudo, nada permite estender a regra às satrapias ocidentais. Nelas, ao contrário – excetuando-se o caso muito particular da Cária, onde, até 326 a.C. (mais ou menos), a dinasta Ada (que aceitara Alexandre em 334 a.C.) foi investida do título de sátrapa

---

1. Ver a edição de A. B. Bosworth, *Conquest and Empire*, Oxford, 1988, p. 229-241.

2. Governadores de nomos, divisão territorial do Egito Antigo. (N.T.)

3. Ver G. Le Rider, *Alexandre. Monnaie, finance, politique*, Paris, PUF, 2003, p. 238-265.

(mas não do comando das tropas) –, há vários relatos da atividade militar dos sátrapas ao longo de todo o período 334-323 a.C. É, aliás, compreensível que Alexandre, que sempre deu provas de um grande pragmatismo nessas questões, tenha dado poderes militares a sátrapas (ocidentais) que ele sabia estarem às voltas com revoltas e insubmissões crônicas dos povos de suas satrapias. A divisão dos poderes dentro das satrapias orientais constituía uma simples medida de prudência. Por fim, os sátrapas de Alexandre herdaram os poderes financeiros de que dispunham os sátrapas aquemênidas[4]; como mostra o texto das *Econômicas* do pseudo-Aristóteles, sendo que sua tarefa essencial era cobrar os diferentes impostos satrápicos.

Os sátrapas macedônios dispuseram portanto de amplos poderes. Como conciliar tal fato com o cuidado demonstrado pelo rei em conservar um poder total? A razão essencial é provavelmente que, para Alexandre, o problema não era colocado em termos jurídicos e institucionais. Antes de mais nada, ele sabia que, no contexto da conquista, apenas uma reorganização dos poderes satrápicos não era suficiente para lhe assegurar a lealdade indefectível de seus subordinados. O império de Alexandre era um Estado em criação permanente; era um Estado itinerante ao sabor dos deslocamentos do exército de conquista. É justamente este o ponto importante: mais do que a existência (ou a ausência) das estruturas intermediárias de controle, a presença (ou a ausência) da pessoa do rei é que conduzia certos sátrapas a obedecerem ou a se revoltarem. As tramas de alguns deles durante a campanha da Índia são uma manifestação clara dessa situação. Ao retornar, na Carmânia, Alexandre adotou medidas

4. Sobre este ponto (contestado), ver nossas observações em *REA*, LXXIV, 1972, p. 34-49 (= *Rois, tributs et paysans*, 1982, p. 15-30), e, por fim, G. Le Rider, *La naissance de la monnaie*, Paris, PUF (2001), 234-236.

muito severas contra vários sátrapas e administradores que não tinham cumprido devidamente os deveres de seus cargos (extorsões de todos os tipos, usurpação de funções etc.): alguns autores (F. Schachermeyer, E. Badian) chegaram a falar de um verdadeiro "expurgo". É sintomático constatar que a crítica essencial que lhes fazia Alexandre, é de "terem perdido a esperança no seu triunfo... De fato, os sátrapas achavam que a expedição à Índia iria se arrastar no tempo; que Alexandre sucumbiria diante de tantas nações inimigas..."[5] Tudo se organizava portanto em torno da pessoa do rei. Ao partir para a Índia, Alexandre não deixou para trás nenhum vice-rei nem nenhum "primeiro-ministro" encarregado de vigiar os sátrapas ou de punir seus erros e suas extorsões. Ele dirigia os negócios com um pequeno número de homens, dos quais apenas uns poucos tinham um título: o grego Eumenes de Cardia era o arquichanceler; Hefestião, o melhor amigo do rei, ficou com o título aquemênida de quiliarco; Harpalo era encarregado das finanças. Mas esses títulos não tinham em si um conteúdo muito preciso, além do que o rei quisesse lhes dar, nesse ou naquele momento; sua função civil de grande chanceler não impediu Eumenes de tomar parte em expedições militares. Alexandre preferia confiar missões temporárias aos guarda-costas, em número de doze (mais ou menos), que eram ligados ao rei por fidelidade pessoal. Diante da situação constatada por ele ao voltar da Índia, a reação natural de Alexandre não foi portanto promover uma reforma administrativa, mas substituir os culpados por companheiros que tivessem sua confiança pessoal. Vê-se bem, desde logo, onde se situa a principal fragilidade de toda a obra de conquista: mesmo no interior dos países de administração direta, a unidade do império era uma noção que tinha a ver unicamente, ou quase, com a pessoa do rei. A reação de muitos sátrapas ou de admi-

5. Quinto Cúrcio, X, 1, 7, e Arriano, VII, 4, 2.

nistradores (extorsões e fuga do tesoureiro Harpalo em 325 a.C.) durante a ausência do rei era um sinal de mau augúrio do que poderia acontecer com o império depois do desaparecimento do conquistador.

2. **As regiões de governo indireto** – Muitos territórios escapavam ao controle direto da administração e mantinham uma independência ou uma autonomia de fato ou de direito, seja porque Alexandre lhes deixara um status concedido ou reconhecido pelos aquemênidas, seja porque a insuficiência da obra de conquista tornara fictício o controle satrápico. Os status dos territórios eram portanto variados, mutantes, por vezes até ambíguos.

Certas regiões foram desde logo instituídas como satrapias, sem que tenham sido propriamente conquistadas por Alexandre. Foi o caso da *Capadócia* e da *Armênia*. A primeira foi simplesmente "dobrada" pela marcha de Alexandre em 333 a.C.: o sátrapa (iraniano?) que fora nomeado por Alexandre desapareceu durante o contra-ataque persa de 333/332 a.C.; em 323 a.C., a Capadócia escapa do domínio macedônio e é dirigida pelo dinasta Ariathe, que fazia preparativos militares formidáveis. Quanto à Armênia, Alexandre enviou para lá, em 331 a.C., um sátrapa iraniano, Mitranes (antigo comandante da fortaleza de Sardes), que nunca conseguiu assumir o controle já que, em 316 a.C., o antigo sátrapa aquemênida continuava residindo lá.

Outros países, incluídos teoricamente em uma satrapia, continuaram de fato dirigidos por seus chefes tradicionais. Foi o caso da *Paflagônia*, que tinha como única obrigação fornecer contingentes militares, e da *Bitínia*, que conseguiu preservar sua independência contra os repetidos ataques do sátrapa da Frígia Helespôntica.

Outras regiões estavam situadas *de jure* fora da esfera de influência dos sátrapas. *Chipre* e *Cirene* não faziam parte do império; a primeira conservou suas cidades e seus reis, que aliás estabeleceram excelentes relações com Alexandre; Cirene enviou em 331 a.C. uma embaixada a Alexandre durante a viagem que ele efetuou ao Oásis da Siwah: suas relações com o rei foram definidas em um tratado de aliança. É o que explica o fato de Chipre e Cirene não terem sido incluídas nas partilhas de satrapias de 323 e 321 a.C. Na *Fenícia*, as cidades mantiveram seu rei e suas instituições, a não ser em Sídon, onde Alexandre trocou o rei filopersa Straton por um homem mais moldável, Abdolônimo, provavelmente o patrão dos artistas que criaram o *Sarcófago de Alexandre*. Por outro lado, as cidades fenícias deviam desembolsar contribuições e fornecer contingentes: sob certos aspectos, a posição delas era semelhante a das cidades gregas da Ásia Menor.

3. **O caso das cidades gregas** – As cidades gregas da Ásia Menor, "libertadas" por Alexandre, e as cidades da Europa, em princípio "aliadas" de Alexandre como parte da Liga de Corinto, representam seguramente um dos casos de sujeição mais ambíguos. Vimos que, no decorrer da conquista, a conduta de Alexandre assumiu formas muito diversas, dependendo da atitude adotada pelas cidades a seu respeito. Mas o problema que se apresenta é saber com precisão se Alexandre, em um momento ou outro, ditou regras que se aplicavam a todas as cidades gregas da Ásia, ou seja, indistintamente para as cidades da Ásia Menor e da Europa. Esse problema apresenta, em si, diversos aspectos: quais eram as relações das cidades com os sátrapas? As cidades da Ásia foram incluídas na Liga de Corinto? Os dois pontos, é preciso dizer, são igualmente contestados.

Ao voltar do Egito (primavera de 331 a.C.), Alexandre decidiu, em Tiro, proceder a uma reforma da administração financeira.[6] Harpalo (que fugira antes da batalha de Issos) foi chamado e reinstalado em seu posto de controlador das finanças. Paralelamente, Koiranos foi encarregado de recolher o tributo (*phoros*) na Fenícia; Filoxenos recebeu missão análoga para a Ásia Menor. Sua tarefa era juntar as contribuições entregues pelas cidades gregas para o prosseguimento da "guerra de represálias", sendo que cada cidade não podia enviar isoladamente alguns talentos à tesouraria real. O mesmo acontecia com as cidades fenícias, que não estavam sob a jurisdição do sátrapa da Síria, mas deviam pagar seu tributo por intermédio de Koiranos. Dessa maneira se conciliavam duas exigências contraditórias: a preocupação em respeitar a autonomia das cidades (inclusive cidades fenícias), uma vez que elas não dependiam (ou não dependiam mais) diretamente do sátrapa; e a necessidade que o rei e sua administração tinham de velar pelo pagamento e pelo encaminhamento da contribuição (*syntaxis*) ou do tributo (*phoros*). Essa organização durou até a primavera de 330 a.C., quando os contingentes gregos foram devolvidos à Grécia, de cujas cidades, paralelamente, Alexandre não exigiu mais o pagamento de uma contribuição "voluntária". Contudo, Filoxenos manteve o direito de intervir nas cidades gregas, caso a ordem macedônia estivesse ameaçada. Durante toda a expedição, a teórica liberdade das cidades gregas esteve portanto limitada por uma autoridade superior.

Ainda mais confuso é o segundo problema de pertencimento ou não pertencimento das cidades da Ásia à

6. Sobre este ponto, ver E. Badian, Alexander and the Greeks of Asia, *Studies Ehrenberg*, 1996, p. 37-69. (Observações críticas por W. Higgins, Aspects of Alexander's imperial administration: some modern methods and views reviewed, *Athen*, 31 (1981), p. 129-152.)

Liga de Corinto.[7] Parece que certas ilhas (Chios, Lesbos) fizeram parte dela. Os documentos existentes não permitem definir a questão das cidades da costa anatoliana. Seja como for, o problema jurídico provavelmente não tem o interesse que lhe conferiram os historiadores, bastando considerar que os poderes e as atribuições da Liga foram bem rapidamente rebaixados à categoria de remanescências. Ao partir da Europa, Alexandre delegara ao estratega da Europa, Antípatro, o poder de representá-lo na Liga. Mas não a vemos funcionar senão duas vezes durante a expedição. Em 332 a.C., um rescrito de Alexandre regulamentou a situação em Chios, ilha que, em 333 a.C., tinha sido reocupada pelos persas e portanto recuperada pelos oligarcas; dentre as cláusulas do rescrito, figura a de fazer o julgamento dos traidores (os oligarcas) pelo *Synedrion* da Liga, de acordo com seu estatuto. Por outro lado, em 331 a.C., depois da sua vitória sobre Ágis III, Antípatro deixou à Liga o cuidado de decidir a sorte de Esparta. Mas convém acentuar os limites dessas intervenções: em 332 a.C., o rescrito de Chios continha também as cláusulas decididas só por Alexandre, como a instalação de uma guarnição na cidade; em 331 a.C., o *Synedrion* devolveu a Alexandre a preocupação com a decisão sobre Esparta: tomada de posição perfeitamente coerente, pois os sinédrios sabiam perfeitamente que, em última análise, a Liga não era mais do que uma confortável "correia de transmissão" para o rei, que só agia em função de seus interesses do momento.

A decisão que Alexandre tomou em 324 a.C. mostra perfeitamente seu poder de intervenção no interior das cidades. Nos Jogos Olímpicos desse ano, seu

---

7. Cf. A. Heisserer, *Alexander and the Greeks. The epigraphical evidence*, 1980, e A. B. Bosworth, *Conquest and Empire*, Oxford, 1988, p. 187-197 e 250-258.

enviado Nicanor leu uma proclamação real cujos termos diziam que as cidades deviam chamar de volta seus banidos. Essa decisão revestia-se de uma importância excepcional, pois os banidos e os exilados se contavam aos milhares na Grécia do século IV. Sua reintegração trazia problemas muito delicados, em particular sua reintegração nos imóveis confiscados. Pouco importa saber se o rescrito real estava (ou não) formalmente de acordo com um dos artigos do pacto de Corinto. Com efeito, os decretos de aplicação em cada cidade foram adotados com base no rescrito; este teve portanto força de lei, ou, mais exatamente, teve valor obrigatório para os legisladores das cidades. É, pois, inútil enfatizar o aspecto legal do rescrito que o rei encarregara Antípatro de impor pela força às cidades recalcitrantes.

Num momento em que Alexandre se preparava para lançar novas expedições longínquas (à Arábia), o objetivo era garantir a paz interna das cidades, dispondo "em cada cidade de diversos partidários fiéis, para o caso de revoluções e sublevações" (Diodoro). Sob esse aspecto, o fracasso foi total. O descontentamento tomou proporções consideráveis, sobretudo em Atenas, já em ebulição desde o caso de Harpalo. Deve-se ver aí uma das razões principais da violência e da relativa unanimidade da sublevação que explodiu na Grécia logo após a morte de Alexandre, mas que vinha sendo preparada secretamente em Atenas há muitos meses.

II. Controle dos territórios e vigilância das populações

1. **"Pacificação" e "manutenção da ordem"** – A conquista de tão grandes territórios trouxe também problemas de polícia. As operações de "manutenção da ordem", executadas pelos sátrapas da Ásia Menor, mostram as dificuldades que os macedônios tiveram para con-

trolar os territórios e as populações *depois* da passagem de Alexandre, que, principalmente na Ásia Menor, tinha por vezes se contentado em receber submissões formais. A necessidade era dupla: submeter de forma definitiva as regiões "rebeldes" e, no mínimo, defender as conquistas já realizadas e sobretudo proteger as grandes rotas estratégicas, que deviam permanecer abertas para permitir aos reforços vindos da Grécia e da Macedônia chegarem até o teatro das operações. Essa tarefa, como já vimos, tinha sido confiada aos sátrapas nas satrapias ocidentais, e a chefes militares macedônios nas satrapias orientais. Para isso, cada sátrapa dispunha de um exército de ocupação composto de macedônios e mercenários gregos, pelo menos até 325 a.C., data em que Alexandre julgou prudente dar ordem aos sátrapas para dispensar os mercenários que eles haviam recrutado por iniciativa própria. Uma parte dessas tropas estava acampada em guarnições, situadas seja na capital satrápica, seja em praças-fortes isoladas, ou às vezes em cidades gregas.

2. **Urbanização e controle das populações** – No leste, a urbanização, sob forma de cidades propriamente ditas ou sob forma de colônias militares, constituiu um meio privilegiado de assegurar a dominação macedônia em regiões tão duramente conquistadas.[8] Porém, as Alexandrias não ficavam todas (exceto Alexandria do Egito) à leste do Tigre? Atribui-se normalmente a essas fundações uma tripla função: defesa militar, sedentarização dos nômades e funções econômicas, sendo que às vezes esses três encargos estavam reunidos na mesma fundação. Na realidade, não há prova da existência de uma política de sedentarização concebida e aplicada pelo macedônio

8. Cf. P. Briant, em *Klio*, 1976 = *Rois, tributs et paysans*, Paris (1982), p. 227-262; P. M. Fraser, *Cities of Alexander the Great*, Oxford, 1996.

no Oriente Médio. Por outro lado, não existe nenhuma dúvida de que *no decorrer* da conquista as motivações de Alexandre foram de ordem essencialmente militar, mesmo que, ao lado de suas vantagens estratégicas, certas cidades tenham sido convocadas, no próprio espírito de Alexandre, a *se tornarem* centros comerciais. O exemplo de Alexandria do Iaxartes (Sir Dária), simbolicamente denominada a "Última" (*Eschatè*), é absolutamente característico, como indica Arriano (IV, 1, 3-4): "O lugar parecia permitir uma grande expansão da cidade, e a fundação era propícia à perseguição dos citas, se fosse necessário, e à defesa da região contra as incursões dos bárbaros que moravam além do rio...".

A vigilância da Sogdiana e da Bactriana foi assegurada, por outro lado, pela fundação de uma dezena de outras cidades. (É possível que a cidade fundada sobre o sítio de Aï-Khanum, escavada por arqueólogos franceses, remonte a Alexandre.) É às mesmas preocupações de luta contra os vizinhos árabes que responde a fundação, em 324 a.C., de uma fortaleza no fundo do Golfo Pérsico. Outras fundações de cidades fortificadas ou outras instalações de guarnições são conhecidas na Índia: Alexandre também fortificou a capital do rei Musikanos, pois "sua posição lhe parecia muito apropriada para vigiar os povos que viviam nas proximidades". Da mesma maneira, a Média foi cercada de "cidades gregas para impor respeito às populações bárbaras estabelecidas na vizinhança": assim, depois da sua campanha contra os cosseus no inverno de 324-323 a.C., o rei "fundou bom número de cidades nas posições mais fortes do país".[9]

9. Diodoro, XVII, 111, 6 (assim como Políbio, X, 27, trata-se na realidade de fortalezas, guarnições, e não de cidades no sentido pleno do termo).

III. Conquista e "desenvolvimento econômico"

Se, portanto, é possível ver com bastante clareza como eram administrados os territórios e controladas as populações, a indagação se torna mais delicada quando se pretende analisar a vida econômica do império. Os antigos historiadores de Alexandre não se interessaram, com efeito, por esses problemas, e nós somos obrigados a recolher informações esparsas nos relatos das conquistas. A principal questão que se coloca é saber se Alexandre realmente concebeu e aplicou uma política sistemática e coerente de valorização dos territórios conquistados, se ele tentou melhorar ou transformar as estruturas preexistentes. A esse respeito, certos autores gostam de apresentar Alexandre como um "grande economista", abrindo estradas novas, aumentando a capacidade produtiva da agricultura, fazendo entrar na economia monetária (identificada com o "progresso") regiões dedicadas até então à economia dita natural (sinônimo de "estagnação"). Essa apresentação de Alexandre foi estabelecida como um dogma pelos historiadores e geógrafos europeus do período entre as duas guerras; ela não desapareceu totalmente hoje em dia.[10] O estudo do problema necessita portanto, primeiramente, de um distanciamento das concepções da economia liberal contemporânea. Por outro lado, a questão não deve ser centrada somente em Alexandre; ela deve ser também – tanto quanto possível – colocada nas sociedades do Oriente Próximo, em sua complexidade e sua diversidade: podemos nos perguntar o que significaram concretamente para elas expressões como "valorização dos territórios" ou "benefícios da conquista".

---

10. Ver P. Briant, Impérialismes antiques et idéologie coloniale dans la France contemporaine: Alexandre le Grand modèle colonial (1979) = *Rois, tributs et paysans* (1982), p. 281-292, e *Leçon inaugurale au Collège de France*, Paris, 2000.

1. **Valorização e exploração** – O que se depreende primeiramente de nossa parca documentação é a imagem de um Alexandre preocupado em explorar o espaço e identificar as produções. Sabe-se que ele enviou diversas expedições de descobertas, ou de redescobertas, na direção do alto Nilo (Calistene), do Golfo Pérsico (Nearco, depois Árquias e Andróstenes), e que projetava uma expedição para o mar Cáspio. Os chefes eram encarregados de fazer um relatório ao rei sobre as populações e as produções dos países descobertos. O rei indagava igualmente sobre a flora e a fauna, preocupação na qual não é proibido ver a influência de Aristóteles, com quem ele se correspondia.[11] Contudo, quando, em 327 a.C., Alexandre enviou à Macedônia os mais belos espécimes das imensas tropas de bois que ele acabara de capturar dos aspasianos, tratava-se com efeito de "valorização" ou teria sido um ato característico de pilhagem em benefício apenas da Macedônia, ou mesmo uma troca entre duas partes do mesmo império? Ambiguidade é uma característica da posição de Alexandre na Ásia. Quando Parmênio, em Persépolis (330 a.C.), aconselhou o rei a não destruir o que lhe pertencia, ele mostrou perfeitamente as contradições da conquista. Não dispondo, ao partir, nem de estoques de víveres nem de serviço de intendência, Alexandre precisava viver das reservas acumuladas nos celeiros e tesouros do império que conquistava. Uma vez que a contribuição financeira da Macedônia e a das cidades gregas eram bastante insuficientes em relação às necessidades, os recursos eram obtidos pela captura dos consideráveis tesouros aquemênidas, além do confisco das minas de ouro e de prata então disponíveis.[12]

11. Cf. L. Bodson, Alexander the Great and the scientific exploration of the oriental part of the empire, *Ancient Society*, 22, 1991, 127-138.

12. Cf. P. Bernard, Alexandre, Ménon et les mines d'or d'Arménie, em *Travaux de numismatique grecque offerts à G. Le Rider*, Londres, 1999, p. 37-64.

As rendas "regulares" provinham de início, como sob o império aquemênida, dos rendimentos obtidos das terras, cuja variedade de status era grande aos olhos da autoridade real. Ocorria o mesmo com cultivadores: os dez mil "assírios" empregados em 323 a.C. pelo sátrapa de Babilônia para dragar o canal de Pallacopas eram muito provavelmente camponeses babilônios submetidos a corveias. É característico que no opúsculo pseudo aristotélico intitulado *Econômicas*, que descreve esquematicamente o reino de Alexandre (da mesma forma que o império aquemênida), a tarefa essencial dos sátrapas seja a de coletar impostos, sendo mais importantes os que pesam sobre a produção agrícola. A maneira como a mesma obra e outros textos antigos descrevem a administração de Alexandre diz muito sobre a brutalidade da arrecadação: pilhagens, extorsões de fundos, chantagem, especulação sobre os víveres parecem constituir métodos relativamente correntes para aumentar as rendas do rei, quando não se trata de ampliar as fortunas pessoais dos próprios sátrapas. É verdade que a natureza do texto tende a focalizar excessivamente as práticas espoliadoras.

Em toda parte e o tempo todo, Alexandre pretendeu exercer plenamente os direitos reais tradicionais sobre a terra e as pessoas. Depois da vitória do Granico, o rei nomeou um sátrapa macedônio na Frígia Helespôntica "ordenando aos habitantes que pagassem as mesmas taxas que tinham o costume de pagar a Dario" (Arriano, I, 17, 1). Ele também não hesitou em aplicar essa política às expensas dos interesses financeiros das cidades gregas: foi assim que tomou de Priene um território, afirmando altaneiramente que ele lhe pertencia: "Eu sei que esta terra é minha", ele escreveu à cidade.

2. **Guerra e paz** – Além do mais, é difícil distinguir os objetivos "civis" dos objetivos militares em certos

empreendimentos de Alexandre, considerados em geral característicos de sua política de valorização. O caso das fundações de cidades, que já foi mencionado, mostra que na maior parte das vezes a intenção militar era predominante. O exemplo das viagens de exploração é igualmente interessante: os chefes das expedições enviadas em 324/323 a.C. ao Golfo Pérsico tinham como missão principal informá-lo sobre as possibilidades e dificuldades da expedição militar que estava sendo preparada sobre a costa árabe: eles estavam também encarregados de deixar postos avançados em pontos estratégicos.

Não basta também enumerar as grandes obras iniciadas por Alexandre para concluir *ipso facto* pela existência de uma intenção de "desenvolvimento econômico". Com efeito, os objetivos militares eram predominantes, por exemplo, nos trabalhos de dragagem dos canais babilônios, realizados graças ao trabalho dos camponeses reais. Quando Strabon (XVI, 1, 10) afirma que o interesse de Alexandre é característico dos "bons chefes", ele não faz senão expressar um lugar comum da ideologia monárquica, mesopotâmica e helenística. De fato, na época (324/323 a.C.) em que foram realizadas, as dragagens tinham sobretudo por objetivo permitir à frota da expedição para a Arábia navegar até o mar; é nesse mesmo conjunto que se deve incluir a destruição das barragens (temporárias) edificadas todos os anos pela administração persa sobre o Tigre até Opis[13] e a construção de um porto de guerra na Babilônia. O objetivo principal de Alexandre não era de forma alguma favorecer a irrigação das terras: tratava-se simplesmente de criar as condições logísticas necessárias à conquista da margem árabe do Golfo Pérsico.

---

13. P. Briant, Alexandre et les *Katarraktes* du Tigre, em *Mélanges Michel Labrousse*, Toulouse, 1986, p. 11-22; Id., *NABU*, 1999/1, n. 12.

3. **Expansão comercial e "economia real"** – Um aspecto particular da política de Alexandre merece um exame atento, de tão grande que parece ser a coerência do projeto. É o caso das expedições ao Indo e ao Golfo Pérsico, realizadas por ele entre 326 e 323 a.C., pois se revestem de um objetivo comum: redescobrir e explorar países cuja riqueza estava baseada na importância dos recursos naturais e no valor das qualidades comerciais.

Após a insurreição de suas tropas às margens do Hifase (326 a.C.), Alexandre mandou construir uma frota de duas mil embarcações no Hidaspe. A descida do Hidaspe, e em seguida do Indo, ocorreu entre novembro de 326 e janeiro de 325 a.C. Diversas cidades foram fundadas, tal como Alexandria das Bocas da Acesina, porto que Alexandre julgava próprio para adquirir grande desenvolvimento. No delta do Indo, Pattala, que se tornou seu quartel general, foi poderosamente fortificada; um porto e estaleiros foram abertos no local. Alexandre efetuou pessoalmente diversas missões de reconhecimento em alto-mar, onde o fenômeno da maré surpreendeu os gregos.

A volta foi realizada em três itinerários: Cratero estava encarregado (julho de 325 a.C.) de chegar até a Aracósia pelo Norte; Alexandre voltou pela costa da Gredósia e da Carmânia; Nearco, à frente da frota, foi encarregado de subir o Golfo Pérsico pela costa oriental. As progressões de Alexandre e de Nearco deveriam ser paralelas. O objetivo essencial de Alexandre era, com efeito, descobrir portos no caminho para instalar depósitos de víveres e de água onde os marinheiros de Nearco pudessem se reabastecer facilmente, pois a costa era particularmente inóspita. A missão estabelecida para Nearco era reconhecer a costa e seus habitantes, as enseadas, as possibilidades de abastecimento de água, as produções locais. No final de janeiro de 324 a.C., Nearco e Alexandre se reencontraram finalmente na baixa Babilônia, e o primeiro pôde fazer um relatório ao rei.

Um ano mais tarde, na Babilônia, os projetos marítimos foram retomados e ampliados. Um porto foi edificado, podendo abrigar mil navios; uma frota foi construída em peças separadas na Fenícia, remontada no Eufrates em Tapsaco e levada à Babilônia; tripulações foram recrutadas nas cidades fenícias.

"O projeto de Alexandre era colonizar a costa do Golfo Pérsico e as ilhas: ele considerava, com efeito, que essa região poderia ser tão rica quanto a Fenícia. Seus preparativos marítimos eram de fato dirigidos contra os árabes, sob o pretexto de que eram os únicos, dentre todos os povos, que não lhe tinham enviado embaixadores. Na realidade, na minha opinião, ele continuava ávido por novas conquistas" (Arriano, VII, 19, 6).

Arriano prossegue observando que Alexandre era atraído pela riqueza de um país produtor de "especiarias" de todo tipo (mirta, incenso, nardo, cássia etc.); ademais, a costa era extensa, provida de enseadas e de portos excelentes, e bordejada de ilhas prósperas. Alexandre ficou sabendo de tudo isso graças aos relatórios que lhe foram feitos pelos chefes das expedições. Apoderar-se das riquezas da costa árabe, tal era o primeiro aspecto da expedição projetada.

À primeira vista, fica-se tentado a postular uma continuidade muito grande com a política aquemênida no Golfo. Em 518 a.C., após a conquista do Indo e da Gedrósia, Dario enviara de um porto do Indo uma frota de reconhecimento, da qual um dos chefes era o grego Skylax de Carianda. Desde então, como escreveu Heródoto (IV, 44), o Golfo Pérsico se tornou um "mar persa". Foi aparentemente nesses anos que Dario mandou (re)cavar um canal entre o Nilo e o mar Vermelho, e, segundo uma declaração do Grande Rei, os tributos puderam ser conduzidos diretamente até a Pérsia por via marítima.

Mas é preciso constatar que a pobreza das informações disponíveis torna arriscado traçar uma linha direta entre Dario I e Alexandre. Por um lado, como vimos, a ligação direta e regular entre o Nilo e Susa continuou no estágio das proclamações e, por outro, a presença persa no Golfo é muito mal documentada: mesmo que se possa postular a existência de numerosas correntes de trocas entre a Índia e a Babilônia, nem os textos nem a arqueologia permitem avaliar sua amplitude e determinar sua natureza.[14] Entretanto, os projetos atribuídos a Alexandre supõem que na costa árabe, assim como na persa, existiam escalas em torno das quais se organizavam as correntes de trocas. Dentre os portos mais importantes, pode-se contar a ilha de Bahreim (Tilos), a cidade de Gerrha (comprovada somente em data mais tardia), a ilhota de Ikaros e Diridotis no fundo do Golfo Pérsico. É essa riqueza que explica o fato de Alexandre pretender fazer da costa árabe "uma nova Fenícia". Mas a morte de Alexandre aniquilou esses projetos: nem os diadoques (Antígono e Demetrios) nem os reis helenísticos (Lagides e Selêucides) jamais conseguiram controlar diretamente os árabes que, uns no Golfo Pérsico (gerreus), outros na Palestina (nabateus), continuaram a negociar os lucros obtidos no proveitoso comércio das especiarias.

Seja como for, os projetos atribuídos a Alexandre não permitem fazer dele (nem de Dario, aliás) um "economista esclarecido", salvo se dermos ao termo "economia" o sentido que tinha na Grécia antiga. Para os gregos, economia é a gestão do domínio familiar: tal é o sentido do opúsculo de Xenófones (primeira metade do século IV a.C.), intitulado *Econômica*. A obra pseudoaristotélica, as *Econômicas*, que já dissemos que se aplica ao reino

14. Ver sobretudo a explicação de J. F. Salles, Les Achéménides dans le Golfe arabo-persique, *AchHist*, IV, 1990, p. 111-130.

de Alexandre, provém da mesma concepção: não se trata de economia (no sentido moderno do termo), mas de orçamento. A "economia satrápica" consiste em recolher impostos; quanto à "economia real", ela é a gestão fiscal do domínio real:

"A economia real, cujo campo de ação é universal, diversifica-se em quatro espécies, de acordo com seu objeto, a saber, moeda, exportações, importações e despesas. Consideremos o domínio de cada uma dessas especificações. No que diz respeito à moeda, trata-se de determinar sua natureza e dizer em que momento convém lhe atribuir um valor forte ou um valor fraco; em matéria de exportação e de importação, estuda-se de que tipo de mercadoria, proveniente regularmente das satrapias, se poderá vantajosamente dispor e em qual época; por fim, no que se refere às despesas, verificam-se os cortes que deverão ser feitos e em que data, e se é preciso pagar as despesas em numerário ou em mercadoria de valor equivalente" (II, 1, 2).

Tal é o sentido da "política comercial" de Alexandre. Essa vontade se verifica também na política monetária.[15] Durante sua campanha, Alexandre começou a cunhar moeda em Tarso (primavera de 333 a.C.), depois assumiu a operação das oficinas monetárias fenícias (Miriandros, Arados, Biblos, Sídon e Ake). As possibilidades de cunhagem foram consideravelmente acrescidas com o confisco de grandes tesouros aquemênidas (em parte não monetizados) da Síria, da Babilônia e do Irã. Ainda assim, a economia monetária não penetrou em toda parte: como em épocas precedentes, continuou-se, em várias regiões, a ignorar o uso das espécies monetárias e a recorrer ao instrumento de troca habitual, ou seja, prata

15. Ver agora a edição de G. Le Rider, *Alexandre le Grand, Monnaie, finance, politiques*, Paris, PUF, 2003.

pesada. A política monetária de Alexandre atendia a uma dupla necessidade. Ele precisava antes de mais nada pagar os milhares de soldados e, mais amplamente, financiar a guerra. Por outro lado, a moeda era, na Antiguidade, uma *mídia* muito importante, graças às imagens transmitidas por ela: o rei podia impor em toda parte os temas ideológicos maiores, que justificavam e exaltavam sua obra de conquistador. As reformas postas em prática deviam constituir um meio privilegiado para promover a unidade do império macedônio da Ásia e da Europa. Também é preciso destacar que essa política não foi exercida por completo. Cunhagens locais continuaram a ser feitas, mesmo depois de Alexandre ter ordenado a cunhagem de moedas de prata em seu nome. Ademais, não apenas a conquista não significou o fim da cunhagem de dáricos como essa cunhagem de ouro apareceu pela primeira vez de maneira comprovada na Babilônia, depois que o persa Mazéu/Mazdai foi nomeado sátrapa por Alexandre em 331 a.C.[16]

4. **Problemas em suspenso** – O aspecto econômico das conquistas de Alexandre provoca em nós necessariamente uma certa perplexidade, devido à pobreza das informações disponíveis e pela dificuldade de captar quais foram (ou quais poderiam ter sido) seu pensamento e sua reflexão sobre a questão. No fundo, a resposta à pergunta, em parte ao menos, está ligada à imagem dominante da conquista: Alexandre teria sido um "predador" ou um "construtor", e a criação de um império sobre as pegadas ainda quentes da herança aquemênida deveria ser confundida com uma pura espoliação ou ser considerada uma construção duradoura?

16. Ver o estudo completo de H. Nicolet-Pierre, Argent et or frappés en Babylonie entre 331 et 311 ou de Mazday à Séleucos, em *Travaux de numismatique grecque offerts à G. Le Rider*, Londres, 1999, p. 285-305.

Alexandre teria sido apenas um obcecado pela glória e pela vitória, ou teria refletido sobre o futuro de suas conquistas: em outras palavras, ele deve ser considerado um aventureiro, que reduz sua ação ao presente imediato, ou um verdadeiro construtor de império, que sonha com o futuro do que está criando, utilizando e ultrapassando a herança aquemênida?

A essas perguntas, os autores de ontem e de hoje respondem e responderam de maneiras muito diversas. Uns consideravam que Alexandre nunca esteve realmente preocupado com questões econômicas e comerciais; outros, ao contrário, insistem na visão mais ampla do conquistador, inclusive nesses domínios. Tal foi o caso sobretudo de J.-G. Droysen, desde a primeira versão de seu *Alexandre le Grand*, em 1833.[17] Mas, na realidade, a insistência sobre esses temas é bem anterior, uma vez que está no cerne da descrição feita por Montesquieu da política comercial de Alexandre, especialmente da sua vontade consciente de abrir uma rota marítima entre o delta do Indo e as embocaduras do Tigre e do Eufrates.[18] Aos olhos de Montesquieu, essa vontade de ampliação estava acompanhada pela ambição de criar uma colaboração iraniano-macedônia muito estreita, por intermédio dos intercasamentos e do acesso dos nobres persas aos postos de comando. Ademais, era a paz e a unidade do novo império que estavam em jogo. Segundo caminhos que permanecem indeterminados, a reflexão de Montesquieu resultou, três quartos de século mais tarde, na interpretação de Droysen – muito

---

17. Ver a recente reedição da tradução francesa do seu *Histoire de l'hellénisme* (1883), nas Éditions Millon, Grenoble, I-II, 2005, com Introdução e bibliografia de P. Payen (I, p. 5-82).

18. Montesquieu, *Esprit des lois*, ed. 1757, liv. XXI, cap. VII-VIII. Ver P. Briant, Alexandre le Grand "grand économiste": histoire, mythe, historiographie, *Cours donné au Collège de France* (fevereiro-março de 2005), a ser publicado.

embora a visão desenvolvida por Droysen não seja redutível ao modelo do *Espírito das leis*.

Mesmo que a documentação continue hoje magérrima, parece difícil negar que Alexandre, nesse domínio como em muitos outros, tenha sido um político consciente, ou ainda, respondendo a uma outra formulação de Montesquieu, que "o projeto de Alexandre só teve sucesso porque era sensato". Numerosas passagens demonstram, sem nenhuma dúvida, que o rei macedônio soube tomar, durante campanhas militares, decisões de grande amplitude no campo administrativo, político e cultural. Seria no mínimo paradoxal postular que a conquista do vale do Indo e depois a ligação Indo-Mesopotâmia tenham sido realizadas sem plano estabelecido, inclusive no âmbito econômico e comercial.

Capítulo V

Alexandre entre macedônios, gregos e iranianos

Em um texto retórico e inteiramente dedicado à glória de Alexandre (*Sobre o destino de Alexandre*, I, § 8), Plutarco tenta, de uma maneira imaginosa e pitoresca, explicar por que Alexandre adotou a indumentária oficial dos Grande Reis:

"Os caçadores de animais selvagens se enrolam em peles de cervos; os caçadores de pássaros se cobrem de sobrecapas emplumadas; sempre evitamos ser vistos por touros quando usamos uma roupa vermelha e por elefantes quando trajamos roupas brancas, pois essas cores os irritam e assustam. E quando um Grande Rei, para abrandar, para domesticar como verdadeiros animais povos intratáveis e dispostos a combater, tem a ideia de acalmá-los e contê-los adotando suas vestimentas tradicionais e seu gênero habitual de vida, dizem que é um crime o fato de pretender familiarizar a má intenção, tornar acessíveis temperamentos violentos! Não se devia em vez disso admirar a sabedoria com que ele, através da mais simples mudança de roupa, se conciliou com a Ásia? Enquanto submetia os corpos pela força das armas, atraía os corações pela maneira de se vestir."

Plutarco respondia assim aos autores de seu tempo, que cobriam Alexandre de críticas por ele ter aceitado se identificar com o vencido e por ter introduzido no seu círculo a etiqueta que regia a corte aquemênida. Além de seu aspecto polêmico, o texto evidencia muito bem uma das armas de Alexandre, a saber, a colaboração das elites do império que ele estava conquistando: ou seja, as grandes famílias persas e iranianas de Dario, mas também os dirigentes das comunidades sujeitadas. Essa política, consciente e constante, representa uma das facetas mais decisivas da estratégia de Alexandre.

I. Conquistas e alianças. Contradições e oposições

1. **As elites imperiais diante de Alexandre. Resistências e uniões**[1] – Os capítulos precedentes já mostraram que as resistências à conquista foram numerosas, por vezes longas e obstinadas, mas não se revestiram em toda parte da mesma intensidade nem das mesmas características. Dario e os seus defendiam o princípio da soberania aquemênida; a oposição que Alexandre encontrou à sua passagem era, portanto, também de natureza religiosa, pois o Grande Rei era o guardião de uma ordem divina, definida por Ahura-Mazda. Mas essa oposição dos nobres iranianos tropeçava na preocupação prioritária de conservar o status econômico e a posição de prestígio. Exemplo disso ocorreu já no verão de 334 a.C. Quando Alexandre chegou às fronteiras de Sardes, um cortejo veio ao seu encontro, composto de dirigentes da comunidade sardiana e de Mitranes, comandante persa da cidadela: os primeiros entregaram a Alexandre a cidade, o segundo, a cidadela e o tesouro. Ignoramos por que Mitranes teria adotado tal atitude em um momento em que a situação aquemênida não era nem um pouco desesperadora. Pode-se simplesmente pressupor que essa rendição tenha acontecido ao final de uma negociação com o conquistador. Em contrapartida, Mitranes obteve de Alexandre as seguintes vantagens: "Alexandre manteve-o junto de si, com as honras devidas à sua posição" (Arriano I, 17, 4). Pela primeira vez, Alexandre aplicou a política à qual

1. Sobre isso, encontraremos análises e referências em P. Briant, *Histoire de l'Empire perse*, Paris, 1996, p. 862-891, 1072-1077.

permaneceu especialmente apegado: unir a ele as elites imperiais, oferecendo-lhes conservar o status de prestígio que usufruíam junto ao Grande Rei. Ele bem sabia que, para governar duradouramente o império do Grande Rei, precisava obter a adesão dos homens do Grande Rei, os únicos que podiam lhe permitir adaptar-se às tradições de poder do Oriente Próximo. O exemplo de Mitranes prova que Alexandre tinha concebido sua política iraniana antes mesmo de desembarcar. Arriano acrescenta que Alexandre "permitiu aos sardeanos e a outros lídios manterem as antigas leis lídias e lhes deixou a liberdade". Na realidade, o conquistador também não modificava a situação preexistente: na época aquemênida, Sardes já era uma comunidade plenamente organizada, dirigida por magistrados escolhidos em seu meio.

Segundo os autores antigos, a tarefa de Alexandre foi consideravelmente facilitada no Egito e na Babilônia, onde enfatizam que os persas eram considerados opressores por grande parte dos habitantes. Mas a imagem do "libertador" deve ser recebida com prudência. Mesmo que o Egito tenha se revoltado diversas vezes e tenha até reconquistado a independência entre 400 e 343 a.C., as elites tiveram todo interesse em colaborar com o poder instalado. Foi também esse o sentido de sua aliança interessada com Alexandre. Exatamente como tinham feito em seu tempo Cambises e Dario, Alexandre tomou o cuidado de fazer sacrifícios às divindades egípcias tradicionais, como Ápis e Mênfis; ele foi consultar o oráculo de Amon no oásis de Siwah e deu ordem para que se prosseguissem as obras nos santuários egípcios mais reputados (Karnak, Luxor), onde foi representado como faraó.[2] Con-

2. Ver M. Abd El-Raziq, *Die Darstellung und Texte des Sanktuars, Alexanders des Grossen im Tempel von Luxor*, Mainz am Rhein, Philipp von Zabern, 1984.

seguiu assim o apoio da influente categoria social constituída pelos sacerdotes e administradores de santuários.

O caso da Babilônia não deixa de apresentar analogias. Depois de Gaugamela (1º de outubro de 331 a.C.), Alexandre foi ali acolhido com grande pompa por dignitários iranianos (Mazaios e Bagofanes) e pelas autoridades babilônias: uma multidão imensa, conduzida pelas autoridades civis e religiosas, veio lhe fazer a entrega da cidade, da cidadela e dos tesouros; em cima de um carro, Alexandre fez uma entrada triunfal na cidade. Mais uma vez as semelhanças são importantes, pois o mesmo cerimonial tinha sido utilizado em 539 a.C. para acolher o conquistador Ciro, também ele apresentado como um libertador pelos textos babilônios redigidos então (*Cilindro de Ciro*). Contudo, Arriano (III, 16, 4) enfatiza a ruptura introduzida por Alexandre com seus predecessores aquemênidas:

"Ao entrar na Babilônia, Alexandre convidou os babilônios a reconstruir os templos que Xerxes mandara derrubar, particularmente o templo de Bel, um dos deuses mais reverenciados por eles."

Na verdade, as destruições atribuídas a Xerxes referem-se a uma tradição extremamente duvidosa, feita na medida para realçar os méritos e a popularidade de Alexandre. O certo é que Alexandre, como fizeram seus antecessores persas, tomou o cuidado de atrair a boa vontade dos deuses locais. O apoio dos dirigentes das cidades e santuários babilônios permitiu a Alexandre impor seu poder através da realeza babilônica tradicional, cuja titulação ele retomou, como fizeram os Grandes Reis. Essa colaboração não se baseava em uma adesão espontânea e entusiasta ao conquistador, mas em um contrato firmado ao término da batalha de Gaugamela, como indicam tabuletas recentemente publicadas.[3] É evidente, de fato, que a imbricação estreita dos interesses dos dominadores persas e da classe dirigente babilônia criara solidariedades que não podiam desaparecer de um dia para o outro. Em suma, seja no Egito ou na Babilônia, Alexandre fez tudo para se moldar às tradições ideológicas dos conquistadores orientais que, ao contrário dos precedentes dominadores, se apresentavam regularmente como benfeitores dos santuários dos países onde estabeleciam sua dominação.

No desenrolar dessa estratégia ideológica desenvolvida a partir de 334 a.C., visando a seduzir e a unir as aristocracias locais, as destruições operadas por Alexandre em Persépolis em maio de 330 a.C. constituem um problema para os historiadores. Por que Alexandre tomou tal decisão, quando todos os seus esforços estavam voltados a dois objetivos complementares: unir a nobreza persa e iraniana em torno da sua pessoa e recuperar em seu proveito o poder e o prestígio do Grande Rei? Decisão aparentemente ainda mais paradoxal pelo fato de Alexandre evidentemente nada ignorar sobre as funções ideológicas da capital da Pérsida (Fars), um dos santuários da dominação imperial persa. Persépolis era manifestamente um local privilegiado onde, desde Dario, o Grande, tudo expressava o poder real. Desse ponto de vista, as discussões sobre a existência ou não de uma festa anual (março) do ano-novo (Nowruz) em Persépolis não alteram em nada o problema que se colocava para Alexandre quando de sua chegada, em janeiro de 330 a.C.: destruir Persépolis – como lhe lembrava Parmênio – era correr o risco de se afastar da classe dominante persa com a qual ele queria se unir, era enfraquecer gravemente sua posição e seu status

3. Ver P. Bernard, *BCH*, 114, 1990, p. 513-528; A. Kuhrt, *AchHist*, V, 1991, p. 121-130; R. Van der Spek, Darius III, Alexander the Great and Babylonian scholarship, *AchHist*, XIII, 2003, p. 289-361.

ideológico no exato momento em que o verdadeiro aquemênida, Dario III, que não abandonara de forma alguma a esperança de reverter a situação militar a seu favor, preparava um novo exército em Ecbátana da Média.

Ninguém consegue acreditar em uma versão antiga segundo a qual o incêndio dos palácios teria sido decidido sob o efeito da bebida, para atender aos desejos da cortesã Taís, preocupada em vingar os gregos. Uma outra versão – incontestavelmente mais digna de crédito – indica, ao contrário, que se tratou de uma decisão maduramente refletida por Alexandre. Os arrependimentos políticos expressos mais tarde mostram que essa decisão foi tomada com dificuldade, pois ele evidentemente não ignorava as contradições em que se encontrava. Quanto às razões que o motivaram, não resta dúvida de que a preocupação em agradar aos gregos não teve grande peso. Mesmo sendo verdade que Alexandre mostrava desse modo que não abandonara o objetivo da guerra de represálias (p. 32-36), esta não era sua preocupação principal na primavera de 330 a.C.. Pode-se imaginar que o rei tenha querido enviar uma mensagem às populações do Oriente Próximo, na medida em que o incêndio dos palácios persepolitanos fazia desaparecer um dos símbolos da dominação imperial aquemênida. Contudo, nem o Egito, nem a Babilônia, nem outros grandes países do Oriente Médio causavam naquele momento grandes problemas de manutenção de ordem. Seja como for, a necessidade da propaganda destinada aos gregos e às populações do Oriente Médio certamente não era premente a ponto de valer o risco de uma ruptura com a nobreza iraniana. É mais provavelmente em um contexto puramente persa (no sentido estrito do termo) que os acontecimentos da primavera de 330 a.C. adquirem todo seu significado histórico.

Durante os quatro meses que separam sua chegada na Pérsia do incêndio dos palácios (janeiro-maio de 330 a.C.), Alexandre procurou suscitar a aliança e a adesão da população persa. Ele não poupou esforços para consegui-las. Os relatos de sua visita a Pasárgada, capital fundada por Ciro, o Grande, mostram que o macedônio multiplicou as aberturas destinadas à população da Pérsia: deu atenção ao túmulo de Ciro, o Grande, a cuja memória tentou se ligar. Se a decisão de incendiar os palácios foi tomada pouco depois do seu retorno de Pasárgada é porque, sem dúvida, a hostilidade da população persa não fora desarmada. Nessas condições, Alexandre foi levado a utilizar a arma da coação e do terror: o incêndio dos palácios indicava aos persas que a hora da grandeza imperial tinha terminado, exceto se eles se aliassem ao vencedor.[4]

Apesar de tudo, na hora de marchar de novo contra Dario, Alexandre não abandonara o projeto de atrair para o seu lado a nobreza iraniana, muito pelo contrário. O estudo das relações entre conquistadores e populações conquistadas é complexo: convém estabelecer nuances sociais, regionais e cronológicas. Nem todos os defensores da ordem aquemênida opuseram uma resistência ideológica prolongada a Alexandre. A casta aristocrática persa, preocupada em conservar seu poder econômico e social, acabou por se aliar mais ou menos rapidamente. Aconteceu o mesmo no Irã oriental (Bactriana e Sogdiana). Muito nobres se submeteram para conservar seu status de prestígio dentro das novas estruturas imperiais calcadas sobre as antigas.

O incêndio de Persépolis não marca, pois, uma virada brutal e definitiva na estratégia ideológica de Ale-

4. P. Briant, *Rois, tributs et paysans*, Paris, 1982, p. 384-403. Mas é preciso esclarecer que inúmeros artigos foram publicados sobre este episódio nos últimos anos, e que a interpretação apresentada aqui não é unânime; cf. novo enfoque da questão em *Histoire de l'Empire perse* (1996), p. 1073-1074, e em *Bulletin d'histoire achéménide*, I (1997), p. 63.

xandre. O assassinato de Dario III por Bessos e seus cúmplices em julho de 330 a.C. foi uma vantagem inesperada para a propaganda macedônia, no exato momento em que Alexandre multiplicava os empréstimos ao cerimonial aquemênida. Doravante, Alexandre posa de vencedor e de continuador de Dario, ordenando que seus despojos sejam conduzidos com grande pompa até Persépolis. É uma verdadeira guerra de vingança que o macedônio afirma realizar contra Bessos: ele tenta posar como um novo aquemênida e reunir à sua volta a aristocracia iraniana que, durante todo o tempo, constituiu a coluna vertebral do império dos Grandes Reis.

2. **O apelo aos iranianos na administração e no exército** – Como vimos (p. 84), Alexandre já tinha manifestado essa vontade durante sua entrada em Sardes, no verão de 334 a.C. Mas, na época, o persa Mitranes não obtivera posto elevado na administração imperial – postos reservados aos gregos e aos macedônios. A entrada na Babilônia (outubro de 331 a.C.) marca com certeza uma data importante. Pela primeira vez, com efeito, Alexandre confiou a um nobre persa aliado (Mazaios/Mazday) uma satrapia recentemente conquistada (a Babilônia). A partir de então, outros representantes da antiga classe dominante serão chamados em grande número, seja em Susa, em Persépolis ou nas satrapias do planalto Iraniano. Nas doze satrapias conquistadas e organizadas entre 331 e 327 a.C., uma única, a Aracósia, foi concedida a um macedônio (Menés): todas as demais, no começo pelo menos, foram atribuídas a iranianos.

Com isso, Alexandre deu prova de um grande senso de realidade. Ele concedeu o título de "magistrado" a todos os administradores persas que lhe renderam homenagem, donde a manutenção (às vezes temporária) de certos sátrapas persas: foi o caso de Abulites e Oxatres na Susiana, Aspates na Carmânia, Autofradates com os tapurienos-mardos e Satibarzanes na Ária-Drangiana; outros foram chamados muito rapidamente a seus antigos governos: como Atropates na Média em 328/327 a.C. ou Fratafernes na Pártia-Hircânia, em 330 a.C. Parece, pois, existir por parte de Alexandre uma grande preocupação com a continuidade administrativa.

Convém enfatizar ao mesmo tempo que o rei tomou todas as precauções para se assegurar da lealdade dos sátrapas iranianos. Bom número deles, para começar, já fazia parte de seu círculo há vários anos. Era o caso de Mitranes, nomeado em 331 a.C. na Armênia (que, aliás, nunca conseguiu assumir o controle), que acompanhava Alexandre desde que ele lhe devolvera a cidadela de Sardes, no verão de 334 a.C. Outros tinham se exilado por algum tempo na Macedônia, como Aminapes, ou Artabazo, nomeado na Bactriana. Encontramos também Oxyartes, sogro de Alexandre, cuja filha (Roxana) garantia de alguma maneira sua lealdade. Alexandre, portanto, não confiou satrapias a desconhecidos.

Por outro lado, os poderes militares escaparam a esses sátrapas (salvo a Menés, na Arcósia, justamente por ele ser macedônio). Já tinha sido o caso no Egito, onde todos os postos militares foram atribuídos aos macedônios. Em cada satrapia residia um estratega macedônio, investido do comando das tropas de ocupação. O comando das principais fortalezas e tesourarias foi também confiado a macedônios. Finalmente, na medida que a conquista avançava, o número de sátrapas iranianos não parou de diminuir. Na Ária, o sátrapa rebelde Satibarzanes, depois Arsakes, foram substituídos por Estasanor, um grego, que, ademais, recebeu em 328 a.C. a satrapia dos tapurienos-mardos, cujo sátrapa, Autofradates, tentara uma sucessão; em Bactriana, o velho Artabazo, julgado incapaz de enfrentar a situação criada pela guerrilha de

Espitamenes, teve de ceder o lugar, em 328/327 a.C., ao macedônio Amintas. Enfim, quando da partida de Alexandre para a Índia, as satrapias estrategicamente mais importantes eram geridas diretamente (Bactriana, Sogdiana, Aracósia) ou indiretamente (Média, Paropamisades) por macedônios ou por iranianos cuja fidelidade não podia ser posta em dúvida.

O recrutamento de contingentes militares iranianos procede do mesmo pragmatismo e reflete a mesma prudência. As guerras e guerrilhas realizadas no Irã oriental convenceram rapidamente Alexandre da necessidade de adotar as armas e os métodos de seus adversários: donde, por exemplo, a criação de um corpo de arqueiros a pé e de um corpo de arqueiros a cavalo (hipotoxotes), que lhe prestaram grandes serviços por ocasião da campanha indiana. Fora isso, apesar dos reforços contínuos de macedônios e de mercenários gregos, ele necessitava de um número crescente de soldados de infantaria e de cavaleiros. Assim, recrutou em Sogdiana e Bactriana contingentes dessa cavalaria tão reputada. É preciso esclarecer que, até o retorno da Índia, essa cavalaria não havia sido integrada ao exército macedônio: servia como corpo auxiliar. A cavalaria macedônia não perdeu seus privilégios nem seu monopólio de exército vitorioso.

Foi também antes de sua partida para a Índia (provavelmente em Bactriana) que ele tomou a decisão de mandar recrutar trinta mil jovens iranianos nas satrapias orientais: eles deviam aprender a língua grega e treinar como os macedônios. Segundo Quinto Cúrcio (VIII, 5, 1), os jovens iranianos deviam ser considerados reféns nas mãos de Alexandre. A análise é em parte válida a curto prazo: antes de partir para a Índia, o rei queria garantir a tranquilidade de satrapias tão duramente conquistadas. No médio e longo prazo, a visão de Alexandre era certamente mais ampla: tratava-se, sem dúvida a partir de uma instituição aquemênida, de criar novos corpos de exército, que, alguns anos mais tarde, seriam integrados à falange.[5]

3. **Casamentos e colonização** – A partir de então, Alexandre tentou ir mais adiante. A esse respeito, o gesto mais espetacular foi seu casamento com Roxana, filha do nobre iraniano Oxyartes, que acabara de conduzir a resistência da "Rocha dos sogdianos" (primavera de 327 a.C.). Quais foram as motivações de Alexandre? Ao mesmo tempo citando a "paixão fulminante" (negada por Tarn por razões morais!) que sentira o rei pela bela princesa, os autores antigos não escondem que esse casamento se revestia de um caráter político evidente: aliás, vários dos seus companheiros imitaram o gesto do rei. A união com Roxana representa claramente uma etapa decisiva na política de colaboração estreita com a nobreza persa e iraniana. Seu sogro, Oxyartes, foi inclusive nomeado sátrapa dos Paropamisades. O casamento teve como consequência imediata atrair para o rei a aliança da nobreza iraniana, na medida em que podia ser interpretado (com justa razão) como prova de um compromisso sólido em relação às aristocracias locais.

Mas, ao mesmo tempo, ele não fazia senão exacerbar a oposição de parte da nobreza macedônia. Contudo, as modalidades da cerimônia nupcial mostram que Alexandre não tinha a intenção de se identificar com a nobreza iraniana: com efeito, e ao contrário do que frequentemente se afirma, o rito escolhido não foi o rito iraniano, mas o rito macedônio.[6] A escolha é reveladora:

5. Ver P. Briant, The Achaemenid Empire, *in* K. Raaflaub e N. Rosenstein (ed.), *Soldiers, Society and War in the Ancient and Medieval Worlds*, Harvard UP (1999), p. 105-128.

6. Cf. M. Renard e J. Servais, À propos du mariage d'Alexandre et de Roxane, *Antiquité classique*, XXIV, 1955, p. 29-50.

os macedônios não perderiam sua individualidade, mas os iranianos é que adotariam os costumes macedônicos. As modalidades do recrutamento dos trinta mil iranianos (treinados à maneira macedônica e aprendendo a língua grega) iam no mesmo sentido.

Foi também durante esse período que teve início e ativamente se perseguiu a política de colonização e urbanização, tão carregada de consequências para o futuro. Essas novas fundações foram, com efeito, quase sempre povoadas por uma população mista de veteranos macedônios, de mercenários gregos e de indígenas. Segundo Arriano, esses grupos eram todos voluntários. Contudo, pode-se legitimamente duvidar do voluntariado das populações locais, arrancadas de seus vilarejos tradicionais, como Alexandria do Egito, Alexandria do Tigre ou Gaza (da Fenícia); em Alexandria-sobre-Iaxartes, os indígenas era prisioneiros de guerra resgatados (!) por Alexandre: portanto, certamente eles não tiveram escolha. O mesmo aconteceu, em diversos casos, com macedônios: assim, em 330 a.C., soldados vindos do "batalhão dos insubmissos" foram deportados para guarnições afastadas: o mesmo que dizer que Alexandre não perguntou a eles sua opinião. Enfim, as reações dos mercenários gregos mostram claramente que, desde o começo, eles não foram nem um pouco voluntários: diversas revoltas explodiram durante a ausência de Alexandre na Índia. Apesar das medidas que ele tomou na volta, os distúrbios continuaram. Em 323 a.C., após a morte do rei, foi até preciso enviar um exército: a campanha terminou com o extermínio de vários milhares de gregos que haviam pegado em armas. Uma revolta de mercenários gregos explodiu também na Índia, logo depois da partida de Alexandre.

Os métodos de colonização de Alexandre, é verdade, não correspondiam senão longinquamente às esperanças de Isócrates. Quando este propunha fundar colônias de povoamento para os gregos empobrecidos, ele pensava na Ásia Menor e não nas satrapias orientais. Se os colonos gregos se sublevaram, foi, antes de mais nada, porque, a exemplo dos soldados macedônios do Hifase ou de Opis, "eles sentiam saudades dos costumes e da maneira de viver de sua pátria, e porque se viam com desgosto relegados aos confins do império".[7] Por outro lado, a colonização, no sentido grego, supunha a distribuição de lotes de terra e o estabelecimento de constituições internas de tipo grego (assembleias deliberativas, eleição de magistrados...). Mas, como já mencionamos, na maior parte dos casos as fundações de Alexandre não são cidades no sentido estrito do termo. Enfim, os textos antigos provam que os gregos eram vigorosamente contrários a qualquer política de fusão. Mas, mesmo o objetivo de Alexandre sendo de ordem essencialmente militar, ainda assim essas fundações conduziam frequentemente a uniões entre europeus e asiáticos, pois os primeiros nem sempre podiam mandar buscar mulheres europeias: isso é verdade sobretudo para as colônias leste-iranianas. Essas uniões deviam "produzir" uma nova população totalmente mista, tal como as uniões entre os soldados do contingente e as mulheres asiáticas: por ocasião de sua partida (323 a.C.) para a Macedônia, os veteranos deixaram na Ásia vários milhares de crianças, que o rei prometeu criar e armar "à maneira macedônica". Esse exemplo, tanto quanto os precedentes, mostra os limites da "fusão". Mais do que fusão, seria melhor falar de "assimilação", que não faz desaparecer totalmente a fronteira entre vencedores e vencidos.[8] Vê-se, por outro lado, a força da resistência que Alexan-

7. Diodoro, XVIII, 7, 1 (cf. Id., XVII, 99, 5-6).

8. Ver P. Briant, Colonizzazione ellenistica e popolazioni del Vicino Oriente: dinamiche socialì et politiche di acculturazione, em S. Settis (ed.), *I Greci*, 2/III, Torino (1998), p. 309-333.

dre encontrou entre os gregos e os macedônios para aplicar sua política.

4. **Realeza macedônica e realeza pessoal: a oposição macedônica** – Foi durante o mesmo período que explodiu o que foi chamado de as três "catástrofes" (330-327 a.C.), claramente reveladoras da oposição de uma parte importante da nobreza macedônica no avanço de Alexandre: o processo e a execução de Filotas (outono de 330 a.C.), o assassinato de Kleitos (inverno de 328/327 a.C.), o caso da prosquinese e a prisão de Calistene (327 a.C.). Para melhor compreender o sentido desses acontecimentos trágicos, convém lembrar certas iniciativas de Alexandre, que já há alguns anos indispunham gravemente os macedônios.

A primeira etapa visível da evolução de Alexandre se situa no Egito, onde ele decidiu consultar os sacerdotes do célebre santuário de Amon no oásis de Siwah. A viagem, muito difícil, foi marcada, segundo autores antigos, por intervenções milagrosas dos deuses. O rei foi acolhido pelos sacerdotes e depois introduzido, sozinho, no "santo dos santos" pelo grande sacerdote. Nenhuma testemunha ocular pode, portanto, fazer um relato dessa "entrevista" entre o rei e o deus; não se dispõe senão de relatos fabricados e contraditórios entre os quais é bem difícil fazer uma triagem. O tema comum é que Alexandre proclamou a si mesmo filho de Amon.

Essa atitude de Alexandre e a interpretação que ele mesmo deu do evento correspondiam, ao que parece, a uma tripla vontade. Alexandre fazia assim um gesto em direção às cidades gregas, onde Esparta atiçava os ânimos contra a Macedônia. Na Grécia, de fato, Amon era comparado a Zeus, e o santuário da Siwah renomado. A viagem foi também um gesto (dentre outros) na intenção dos egípcios. Mas nada prova, em compensação, que Alexandre tenha querido, naquele momento, se fazer reconhecer como deus pelos gregos, ainda menos pelos macedônios. Não impede que estes últimos tenham lamentado essa evolução, com um sentimento misturado de ironia e mau humor.

Todos os autores antigos, por outro lado, assinalam que se observou uma modificação na personalidade de Alexandre a partir de 330 a.C., com o rei adotando cada vez mais costumes persas. O que os antigos consideram uma prova de "amolecimento oriental" se explica evidentemente pela necessidade em que se encontrava o rei de atrair a estima da aristocracia iraniana. Os autores antigos ficaram particularmente impressionados com a adoção de um traje de cerimônia persa; embora Alexandre só vestisse esse traje em circunstâncias excepcionais, sua iniciativa foi desaprovada pelos macedônios.

Foi nesse contexto que explodiu o primeiro caso, o processo de Filotas. Esse grande personagem, filho de Parmênio, era o chefe da cavalaria desde o início da expedição. Em 330 a.C., na capital da Drangiana, ele foi acusado de ter fomentado um complô para atentar contra a vida do rei. O caso foi instruído pelo rei e seu conselho, em que Cratero, inimigo pessoal de Filotas, desempenhou um papel importante. Em seguida, Alexandre convocou uma assembleia do exército. Durante uma sessão dramática, Filotas apresentou sua defesa com talento. Ao término da sessão, o rei colocou Filotas sob tortura para "fazê-lo confessar"; no dia seguinte, uma segunda assembleia decidiu pela morte e procedeu imediatamente ao apedrejamento.

O caso é obscuro e confuso. Contudo, lendo sem paixão os relatos antigos, rapidamente se é levado a pensar que Filotas não tinha culpa alguma do complô de que o acusavam. Não resta dúvida de que, como muitos outros nobres, Filotas era hostil à adoção de hábitos aquemênidas por Alexandre. Entretanto, para o rei, isso pareceu constituir um pretexto mais do que uma causa de sua fúria contra Filotas. Na verdade, o rei queria eliminar uma família que nunca manifestara grande entusiasmo a seu respeito; por isso, em seu discurso, ele comparou o caso de Filotas ao dos pretendentes que tinham se revelado quando da morte de Felipe.

O momento escolhido por Alexandre para eliminar ou repreender os opositores é significativo. Até então, ele tinha suportado mais do que aceitado as intervenções de Parmênio. A partir de 330 a.C., Alexandre não se sente mais solidário com os "velhos macedônios"; ele pretende prosseguir a expedição apenas com os nobres que não discutem sua autoridade, homens como Hefestião, Cratero ou Pérdicas. Parmênio foi executado por um destacamento especialmente enviado à Média. A brutalidade da ação de Alexandre mostra que ele, a partir de agora, pretendia não mais suportar nenhuma oposição. Por outro lado, a convocação de uma assembleia do exército lhe permitiu formar unidade em torno de sua pessoa, num momento em que o apoio dos macedônios se tornava cada vez mais frágil.

Durante um banquete realizado em Marakanda, por ocasião dos acampamentos de inverno de 328/327 a.C., após as vitórias obtidas em Sogdiana, uma violenta discussão opôs Alexandre e seu velho companheiro Kleitos, dito "o Negro". Kleitos era íntimo do rei: ele era irmão da ama de leite real, e sempre combatera junto ao rei; depois da morte de Filotas, recebera, juntamente com Hefestião, o comando da cavalaria. Mas a cólera e o furor de Alexandre foram tamanhos que ele transpassou Kleitos com um golpe de lança.

Os participantes do banquete parecem ter bebido demais; cessada a embriaguez com a morte de Kleitos, Alexandre se arrependeu com violência de seu gesto. Nada disso deve fazer com que se perca de vista o aspecto essencial, ou seja, a continuidade da oposição dos nobres macedônios contra um rei que se conduz cada vez menos como um dos seus.

As críticas que Kleitos fizera a Alexandre no decorrer do banquete demonstram, com efeito, que a execução de Filotas e o assassinato de Parmênio tinham escondido mais do que destruído a oposição dos nobres macedônios (de alguns deles ao menos) à evolução do poder real para a autocracia. Citando Eurípedes, Kleitos com efeito criticara veementemente Alexandre, que considerava as vitórias macedônias como suas próprias, esquecendo portanto (voluntariamente) o papel de seu pai, Felipe, e de seus próprios generais: as vitórias pertencem a todos os macedônios e a glória não deve, pois, recair unicamente sobre o chefe. Kleitos expressava com isso, publicamente, o que Filotas, no dizer de autores antigos, já dizia privadamente. Kleitos defendia também a imagem tradicional da realeza macedônia, que não era uma realeza pessoal, mas uma realeza contratual, regida por costumes.[9] Em suas relações com os macedônios, Alexandre devia respeitar certos costumes: não devia governar por ordens tirânicas, mas pela persuasão; em suas relações com o rei, os macedônios tinham direito à igualdade de palavra (*isegoria*). Em suma, Kleitos criticava vivamente Alexandre por ele adotar cada vez mais a atitude de um monarca de tipo oriental e por desdenhar os costumes macedônios.

O último caso, o da prosquinese, explodiu em Báctria em 327 a.C., algum tempo depois do casamento de Alexandre com Roxana. Dessa vez, a oposição veio de Calistene, sobrinho de Aristóteles, que até então, no entanto, se mostrara um dos cortesãos mais diligentes de

---

9. Por muito tempo contestada, a tese da existência ativa de uma assembleia macedônia, defendida por P. Briant, *Antigone le Borgne*, Paris, 1973, p. 235-350, é hoje também defendida com firmeza, apoiada em argumentos renovados, por M. Hatzopoulos, *Macedonians institutions under the kings*, I, Paris, 1996, p. 261-322.

Alexandre. É preciso enfatizar que, sendo grego, Calistene expressou em voz alta o que muitos macedônios pensavam baixo.

Nessa data, portanto, Alexandre "ordenou que, exatamente como os persas, os macedônios o saudassem adorando-o prostrados no chão". Segundo Quinto Cúrcio, essa iniciativa teria sido inspirada ao rei por seus cortesãos gregos. De fato, como nota Arriano, Alexandre não necessitava de ninguém para tomar tal medida, que, veremos, não se revestia de resto do sentido que lhe atribuem os autores antigos. Entre os persas, a genuflexão (prosquinese), ou mesmo a inclinação do busto, acompanhada de um gesto com a mão, era uma marca habitual de obediência em relação a um superior: os relevos de Persépolis descrevem bem as modalidades dessa homenagem ao Grande Rei. No gesto, os persas não reconheciam de forma alguma o caráter divino do rei uma vez que, muito ao contrário, o rei não era considerado um deus: ele não era senão o lugar-tenente sobre a terra de Ahura-Mazda. Para os persas do círculo de Alexandre, o que ele lhes pedia não apresentava nenhum caráter excepcional: todos aceitaram naturalmente prestar a Alexandre as homenagens que eles tinham o hábito de prestar ao Grande Rei. Em compensação, os gregos (e portanto os autores que nos falam disso) e os macedônios viam as coisas de uma maneira totalmente diversa, como expõe muito bem Calistene. Eles consideravam esse costume uma marca visível de "servilismo oriental": os gregos da Ásia Menor já tinham conhecido a humilhação de ter de consumar o rito da prosquinese diante dos altos oficiais persas; a obrigação imposta a todos de saudar o Grande Rei dessa maneira tinha também criado problemas de protocolo durante visitas de embaixadores gregos à corte persa. Calistene, aprovado por grandes chefes macedônios, recusou-se portanto a prestar uma homenagem que, dizia ele, era reservada aos deuses. Ele enfatizou também, como Kleitos havia feito, que Alexandre, ao exigir o gesto, violava a "lei não escrita" (*nomos*) dos macedônios, segundo a qual, nas suas relações com os macedônios, os reis devem governar "não pela força, mas de acordo com o *nomos*" (Arriano, IV, 11, 16). O rei não perdoou: aproveitou a revelação de uma obscura e escabrosa "conspiração de pajens" para envolver (falsamente) Calistene: este foi preso e mantido durante vários anos a ferros, e talvez crucificado na Índia por ordem de Alexandre.

Não há, pois, em nenhum lugar, prova de que Alexandre teria procurado estabelecer uma base teocrática no seu poder. Na verdade, o objetivo de Alexandre, em 327 a.C., era introduzir o maior número possível de iranianos na corte e na administração. Muitos nobres bactrianos e sogdianos já se haviam aliado. Mas Alexandre queria que todos os seus companheiros, macedônios e iranianos, fossem colocados em pé de igualdade diante dele. Donde a organização em Báctria de uma cerimônia de prestação de homenagem. A recusa expressa ou silenciosa dos macedônios não era, portanto, apenas de ordem teórica; ela também indica que eles continuavam a ver os iranianos como vencidos, e que pretendiam tratá-los como tais. Alexandre teve a prudência e a sabedoria de não insistir: parece, com efeito, que a prosquinese não foi mais exigida dos macedônios.

Esse episódio é uma prova do pragmatismo de Alexandre: de temperamento irascível e autoritário, o rei mesmo assim sabia reconhecer (para si mesmo, se não publicamente) um erro de avaliação; por outro lado, no momento de alcançar a Índia, ele certamente não desejava criar condições para uma ruptura aberta com os nobres macedônios. Mas este caso demonstra também a extraordinária dificuldade da política experimentada por Alexandre, uma vez que, originários de duas culturas muito diferentes, os iranianos e os macedônios reagiram de maneira oposta à sua iniciativa. Ele esperava decerto que uma expedição militar em comum (à Índia) permitiria às nobrezas iraniana e macedônia melhor se conhecer e talvez até mesmo se apreciar.

II. O grande desígnio (325-323 a.C.)

1. **O retorno da Índia** – Ao voltar da expedição indiana, Alexandre se mostrou decidido a retomar e a acentuar sua política de colaboração com os aristocratas locais. Certas medidas que atingiram sátrapas tinham essa intenção; se os estrategas de Média, Cleandro, Sitalkes e Heracon foram executados, é por terem atacado as riquezas da casta sacerdotal e provavelmente também as da nobreza. Notemos, contudo, que as medidas adotadas contra sátrapas culpados tiveram imediatamente uma consequência paradoxal, uma vez que, em 323 a.C., não havia mais do que três sátrapas iranianos em atividade: Atropates na Média, Fratafernes na Pártia e Oxyartes (sogro de Alexandre) nos Paropamisades.

Paralelamente, Alexandre procurou instalar nas satrapias que ficaram vagas homens que ele julgava capazes e preocupados em aplicar sua política de colaboração macedônio-iraniana. O melhor exemplo disso é Peukestas, que desempenhara um papel importante durante a campanha da Índia: ele até salvara a vida do rei durante o cerco da cidade dos malienos (326/325 a.C.), razão pela qual foi recompensado com uma coroa de ouro e o título de somatofilaque. Ao retornar, Alexandre nomeou-o sátrapa da muito importante Pérsida, justamente porque Peukestas adotara o modo de vida iraniano, não correndo o risco de ferir os "bárbaros". "E disso ele deu provas tão logo foi nomeado sátrapa da Pérsida, adotando, o único dentre todos os macedônios, o costume meda, aprendendo a língua persa e se adaptando em todos os campos aos usos persas. Por isso Alexandre louvou-o, e os persas estavam satisfeitos por vê-lo preferir os costumes deles em vez dos de sua própria pátria" (Arriano, VI, 30, 2-3). Alexandre via nessa atitude o único meio de "manter a nação submissa em todas as coisas" (Diodoro, XIX, 4, 5). Mas convém enfatizar, com Arriano, que o caso de Peukestas continuava excepcional, e que ele suscitara a hostilidade dos outros chefes macedônios, que, por sua vez, ainda não estavam dispostos a governar em colaboração com os vencidos. Mas, precisamente, a campanha indiana não dera uma auréola de vencedores aos iranianos?

2. **Os casamentos de Susa (fevereiro de 324 a.C.)** – Para Alexandre, essa dupla necessidade de colocar os nobres iranianos a seu serviço e de fazer com que os macedônios aceitassem a ideia permite compreender o sentido da cerimônia grandiosa que se desenrolou em Susa no começo de 324 a.C.[10] Nessa data, com efeito, Alexandre (sem repudiar Roxana) uniu-se pelo casamento a duas princesas aquemênidas: Stateira, filha de Dario, e Parysatis, filha de Ochos; ao mesmo tempo, seu amigo Hefestião se casou com Dripetis, irmã de Stateira, "pois Alexandre desejava que os filhos fossem seus próprios sobrinhos e sobrinhas"; enfim, o rei "persuadiu" oitenta companheiros a desposar as filhas da nobreza iraniana. As núpcias aconteceram em meio a uma cerimônia de um fausto inaudito, cujo desenrolar foi descrito por Chares de Mitilene, o grande camareiro. Os casamentos foram celebrados de acordo com o rito persa, sob uma tenda imensa, construída segundo o modelo da *Apadana* (sala das audiências) persa. Cada uma das esposas foi ricamente dotada por Alexandre.

---

10. Sobre a política matrimonial de Alexandre, ver também E. Carney, *Women and monarchy in Macedonia*, Norman, 2000, p. 100-113.

Essa grandiosa manifestação prolongava e ultrapassava ao mesmo tempo o casamento contratado por Alexandre com a princesa sogdiana Roxana, em 327 a.C. Os casamentos de Susa consagram a necessidade na qual se encontrava o rei de governar com seus antigos inimigos. Assim, várias mulheres foram escolhidas na família dos aquemênidas, como Stateira: algumas eram filhas de nobres que tinham oposto resistência a Alexandre, como Espitamenes, cuja filha, Apame, se casou com Seleucos, ou que tinham se aliado, como Artabazo ou Atropates. As núpcias constituíam, portanto, um verdadeiro pacto de governo, ficando bem claro que os nobres iranianos reconheciam Alexandre como seu rei: sua união com princesas aquemênidas permitia uma transição harmoniosa com a realeza aquemênida tradicional. Ao mesmo tempo, Alexandre queria forçar os nobres macedônios a aceitar a ideia. Nenhum texto antigo sugere que a iniciativa real tenha despertado muito entusiasmo por parte dos macedônios, salvo exceções (Hefestião ou Peukestas, por exemplo). Entretanto, seus sucessores não abandonaram repentinamente essa política: Seleucos conservou a mulher iraniana, Apame, e vários dos antigos companheiros de Alexandre prosseguiram com uma política de colaboração com as elites locais.[11]

3. **Rumo a um exército macedônio-iraniano. A sedição de Opis** – Paralelamente, Alexandre prosseguia com afinco em seu objetivo de criar um exército misto macedônio-iraniano. De seu retorno da Índia datam as medidas essenciais. O que se compreende melhor sabendo-se que a oposição dos soldados macedônios às margens do Hifase mostrou claramente que ele não poderia concluir devidamente seus vastos projetos apenas com o apoio dos seus compatriotas.

11. Cf. P. Briant, *Rois, tributs et paysans*, Paris, 1982, p. 32-54.

A reforma começou na cavalaria, aproximadamente na mesma época das núpcias de Susa. Os cavaleiros iranianos, que combatiam na Índia na qualidade de auxiliares, foram introduzidos na cavalaria dos *Hetairoi* (companheiros). Por outro lado, uma nova (quinta) hiparquia[12] foi criada, constituída em sua grande maioria de iranianos, armados de lança macedônia e não mais do dardo "bárbaro", e comandada pelo nobre bactriano Histaspes. Dentre seus lugares-tenentes figuravam os representantes da fina flor da aristocracia iraniana, os mesmos que se tornaram cunhados dos nobres macedônios, por ocasião das núpcias de Susa. As duas medidas, matrimonial e militar, se conjugavam para realizar a fusão das duas aristocracias.

A constituição de uma falange mista desencadeou muita oposição. Foi em Susa que chegaram os trinta mil jovens iranianos (*epigonoi*: sucessores), cujo recrutamento fora ordenado por Alexandre, como vimos, em 327 a.C. Sua integração em uma nova falange só aconteceu na Babilônia em 323 a.C., depois de Peukestas ter entregue ao rei um novo contingente de vinte mil iranianos. O atraso se explica pela oposição que Alexandre encontrou nas fileiras de sua falange macedônia. Durante vários meses, os jovens iranianos constituíram uma falange completamente distinta, formada em cima do modelo da falange macedônia, mas comandada por persas.

Em Opis, às margens do Tigre (verão de 324 a.C.), a crise explodiu quando Alexandre anunciou a suas tropas que os homens incapazes de servir (feridos ou muito idosos) seriam mandados de volta à Macedônia, munidos de uma considerável gratificação de desmobilização. Os falangistas interpretaram essa decisão como a prova de

---

12. Divisão de cavalaria grega compreendendo cerca de quinhentos homens. (N.T.)

que Alexandre queria doravante dispensar seus serviços e se apoiar unicamente na falange iraniana. Com efeito, embora os macedônios, como se viu, desejassem voltar para a Macedônia, eles queriam retornar todos juntos e com seu rei: a dispensa dos veteranos foi portanto considerada a prova de que o rei "estabeleceria para sempre na Ásia o centro do reino", ou seja, a prova também de que o rei os havia enganado ao ordenar a viagem de volta em 326 a.C. Alexandre mandou executar os líderes e tentou trazer para o seu lado os falangistas, enumerando-lhes todos os favores que eles deviam a Felipe II e a ele próprio. De nada adiantou.

Nos dias seguintes, Alexandre não tentou nenhuma reaproximação com seus soldados. Muito ao contrário, retirou-se para sua tenda, recusando a entrada aos macedônios e concedendo todas as indulgências aos iranianos.[13] Chegou até a convocar uma assembleia de soldados orientais, à qual os macedônios não tiveram o direito de assistir; ele também tomou a frente do exército iraniano, que acampava fora da cidade, como se estivesse querendo se opor militarmente ao exército macedônio; concedeu aos falangistas iranianos o título de *pezhetairoi* (companheiros da infantaria), o que era colocá-los em total pé de igualdade com os macedônios; os iranianos foram incluídos na *agema*, a guarda real etc. O objetivo de Alexandre era fazer crer aos macedônios que ele podia doravante dispensá-los. Essa chantagem psicológica teve os efeitos esperados. Ao final de alguns dias, os soldados macedônios se apresentaram sem armas diante do rei, solicitando-

13. Sobre a tática de Alexandre diante dos amotinados, ver as reflexões de E. Carney, Macedonians and mutiny: discipline and indiscipline in the army of Philipp and Alexander, *Classical Philology*, 91, 1996, p. 19-44; Artifice and Alexander history, em A. B. Bosworth e E. Baynham (ed.), *Alexander the Great in fact and fiction*, Oxford, 2000, p. 263-285, em part. p. 278-285.

lhe humildemente que lhes permitisse – como aos persas! – dar-lhe o beijo ritual. Alexandre aceitou e, para mostrar seu perdão, chamou-os de seus "parentes". Extraordinária habilidade de Alexandre, que conseguiu fazer os macedônios aceitaram o que tinham obstinadamente recusado poucos dias antes! A partir de agora, com efeito, o rei podia se permitir tudo. A partida dos veteranos se efetuou em calma; o rei lhes prometeu cuidar dos filhos que estavam deixando na Ásia e fazer deles soldados armados e treinados à maneira macedônia. Ao mesmo tempo, ordenou a Antípatro que lhe enviasse novos reforços da Macedônia. A formação da nova falange aconteceu na Babilônia em 323 a.C.: cada uma das divisões da falange macedônia, a década, compreendia quatro macedônios, armados à maneira macedônia, e doze persas, munidos de arcos ou dardos; mas o comando continuava com os macedônios.

Assim, em dois anos (324-323 a.C.), Alexandre conseguira montar um exército todo novo, no qual se encontravam intimamente misturados macedônios e iranianos. A curto prazo, isso lhe permitia considerar com otimismo a conclusão de seus novos projetos de conquista, pois ele sabia muito bem que a Macedônia estava esgotada pelos recrutamentos contínuos. A longo prazo, a junção das terras no seio de um império unificado e a colaboração dos iranianos e dos macedônios no seio de um exército misto deviam ser as melhores garantias do prosseguimento de sua obra.

4. **O banquete de Opis** – Alexandre quis ir além da colaboração macedônio-iraniana e promover um ideal de "fraternidade universal"? É o que sustenta W. W. Tarn[14],

14. W. W. Tarn, Brotherhood and Unity, em *Alexander the Great*, II, 1950, p. 399-449.

apoiando-se no relato do sacrifício consumado pelo rei no desfecho da sedição de Opis:

"Depois Alexandre fez um sacrifício aos deuses aos quais habitualmente oferecia sacrifícios e pediu uma refeição às expensas do exército: ele estava sentado, e em torno dele sentavam-se os macedônios, em seguida os persas e depois os outros povos delegados segundo sua glória e seu valor. Da mesma ânfora se serviram o rei e os que o cercavam, e todos fizeram as mesmas libações, enquanto os adivinhos gregos e os magos preparavam as preces. Então, Alexandre rezou pela felicidade e sobretudo pela harmonia (*homonoia*) e pela comunidade (*koinonia*) dos macedônios e persas no comando do império" (Arriano, VII, II, 8-9).

W. W. Tarn conclui, a partir desse texto, que Alexandre "foi pioneiro de uma das maiores revoluções na história do mundo", ou seja, "a fraternidade do homem ou a unidade da humanidade". Alexandre teria querido unir todos os povos da terra no mesmo espírito de fraternidade humana; no seu espírito, todos os povos deviam ser associados dentro do governo do império, ao invés de súditos.

Na verdade, essa imagem de um Alexandre, uma espécie de pré-Cristo, resulta mais de uma ideia pessoal de Tarn do que de uma crítica dos textos. Como foi justamente mostrado por E. Badian[15], o banquete de Opis não permite tal interpretação. Em torno do rei estão apenas os macedônios, e apenas eles compartilham o vinho com o rei: o rito de reconciliação tem antes de mais nada como protagonistas Alexandre e os macedônios, que acabaram de se opor e de se separar violentamente durante vários dias. Por outro lado, não se trata de forma alguma de

15. E. Badian, Alexander the Great and the Unity of Mankind, *Historia*, 1958, p. 425-444.

uma fraternidade universal; ao contrário, a colaboração no poder é expressamente limitada aos macedônios e aos persas. Em suma, o simbolismo do banquete de Opis mostra bem os dois eixos da política de Alexandre: apelar para os quadros iranianos para consolidar a obra de conquista; conservar para os macedônios um lugar especial em seu redor. Doravante, a fronteira entre governante e governados não vai mais coincidir exatamente com a fronteira entre vencedores e vencidos. Mais do que étnica, a divisão se tornou social: só são chamados a colaborar, e portanto a governar, os que já constituíam a elite dirigente no tempo do império aquemênida. Se essa visão de Alexandre mostra que ele conseguiu superar os temas gregos tradicionais de oposição entre gregos e bárbaros, ela demonstra também sua extraordinária inteligência política e sua vontade de fazer uma obra durável.

5. **O problema da divinização de Alexandre** – Na sua preocupação em unificar o império, Alexandre também teria sonhado em promover um "culto de império, estendido às cidades gregas da Europa"?[16]

O exame das representações figuradas de Alexandre revela a vontade do rei de difundir uma imagem de super-homem igual aos heróis, senão até mesmo aos deuses. Alexandre, com efeito, trouxe artistas oficiais, encarregados da missão de propaganda: o escultor Lisipo, o pintor Apeles e o ourives Pirgoteles. Alexandre é com frequência representado com os olhos virados para o céu. Plutarco não esconde o sentido dessa atitude; Alexandre olha para o céu como para dialogar com Zeus: "Fique com o Olimpo, deixe-me a Terra!" Cada vez mais, os artistas

16. Sobre este problema difícil, pode-se consultar dois trabalhos de E. Badian, um em *Ancient Macedonian Studies in honour of Ch. E. Edson*, Thessaloniki, 1981, p. 27-71, o outro em *Subject and Ruler*, Ann Arbor, 1996, p. 11-26.

o representam com a cabeça cingida pelo diadema, símbolo real de origem oriental. Essa evolução é particularmente visível nas moedas, cunhadas talvez a partir de modelos criados por Pirgoteles. O artista fez figurar frequentemente sobre elas Hércules envolto na pele do leão: mas o retrato é tão individualizado que se fica tentado a reconhecer Alexandre sob os traços do herói. Como essas moedas circulavam em todo o império, pode-se imaginar sem dificuldade que a semelhança entre Alexandre e Hércules era aceita cada vez mais como um fato, mesmo nas cidades gregas.

Por outro lado, quando morreu seu amigo Hefestião (outubro de 324 a.C.), Alexandre enviou uma embaixada ao oráculo de Amon no Egito para perguntar se convinha render homenagens divinas ao defunto. Amon "respondeu" que Hefestião devia ser considerado um herói, e não um deus. Imediatamente, Alexandre deu ordem a Cleomene do Egito para erguer templos ao novo herói em Alexandria e na ilha de Faros. O culto heroico de Hefestião se difundiu rapidamente, inclusive nas cidades gregas. Mas nada prova com certeza que em Atenas honras semidivinas tenham sido concedidas conjuntamente a Hefestião *e* a Alexandre (que teria sido considerado o paredro[17] de Hefestião).

Segundo diversos autores, Alexandre, em 324/323 a.C., teria desejado que seu caráter divino fosse reconhecido em toda parte oficialmente e teria tomado medidas próprias para impor seu culto em todo o império. Teria encarregado Nicanor de proclamar conjuntamente, em Olímpia no ano de 324 a.C., o édito de retorno dos banidos e uma ordem de que fossem rendidas honras divinas ao rei nas cidades gregas. Essa interpretação é originária de relatos muito tardios, aos quais é temerário dar fé. O que

17. Deus inferior, associado a um deus mais poderoso. (N.T.)

se sabe é que diversas cidades da Ásia Menor lhe prestaram culto, o que nada tinha de extraordinário: Eresos de Lesbos não erguera altares a Zeus Filipiano durante a pré-conquista da Macedônia, de 336/335 a.C.? Para as cidades da Grécia da Europa, os testemunhos são frágeis e contraditórios: eles nos informam que discussões apaixonadas ocorreram em Atenas entre os partidários (Demade; Demóstenes, com reservas) e os adversários (Licurgo, Hiperide) de tal medida, e que Demade foi condenado por ter apresentado um decreto considerado sacrílego. É preciso acrescentar que a instituição de um culto de império teria sido particularmente malvista em 323 a.C., uma vez que a ideia de um rei-deus era uma heresia aos olhos dos persas.

Em 323 a.C., os fundamentos da autoridade de Alexandre continuavam a ter naturezas muito diversas nas diferentes partes de seu império. Ele era ao mesmo tempo rei dos macedônios, arconte[18] da Liga tessálica, *Hegemon* da Liga de Corinto, "Libertador" e "Restaurador" das cidades gregas da Ásia, faraó no Egito[19], "Rei das quatro partes do mundo" na Babilônia; por outro lado, sem adotar o título do Grande Rei, ele fez inúmeros empréstimos à realeza aquemênida, e se pode supor que muitos persas tenham-no considerado de fato o continuador dos seus reis. Um único título de conteúdo incerto e neutro lhe é reconhecido em toda parte, o de "Rei Alexandre", que aparece em muitas de suas moedas e em alguns decretos das cidades gregas. Mais do que instaurar um "culto de

18. Magistrado que exercia o poder de legislar. (N.T.)

19. Outra posição defendida por S. Burstein, *Anc. Soc.*, 22, 1991, p. 139-145. Mas ver a recente e convincente demonstração por B. Menu, *BIFAO*, 99, 1999, p. 353-356. Sobre a representação de Alexandre como faraó, ver M. Abd El-Raziq, *Die Darstellung und Texte des Sanktuars Alexanders des Grossen im Tempel von Luxor*, Mainz am Rhein, Philipp von Zabern, 1984.

império", que o teria alienado do apoio dos persas, Alexandre teria escolhido acelerar a aplicação da política de colaboração, que as medidas adotadas a partir de 325 a.C. tinham feito visivelmente progredir.

Conclusão

As incertezas da sucessão

É difícil, até artificial, fazer um balanço da obra de Alexandre em junho de 323 a.C. Pode-se evocar uma evidência: o empreendimento do macedônio abriu o Oriente Médio e a Ásia central à imigração grega; as fundações de cidades, ativamente perseguidas por seus sucessores, vão permitir a expansão da cultura grega – expansão aliás mais geográfica do que étnica. A esse respeito, convém enfatizar o extraordinário senso político de Alexandre, que compreendeu perfeitamente que uma dominação duradoura sobre o Oriente Médio passava obrigatoriamente pela aliança com as classes dominantes tradicionais. Tal é o sentido profundo de sua estratégia política, que consistia em "recuperar" em seu proveito as bases ideológicas sobre as quais estavam fundadas a superioridade social da nobreza e o poder do Grande Rei. Ao mesmo tempo, a conquista macedônia não abalou a organização das relações socioeconômicas, pois os conquistadores dispunham igualmente das bases fiscais e econômicas tradicionais dos impérios do Oriente Próximo.

Mas, em 323 a.C., a obra de Alexandre continuava frágil e incerta. Os descontentamentos manifestavam-se surdamente através do império: na Europa, as cidades gregas permaneciam profundamente chocadas com o recente édito sobre o retorno dos banidos (324 a.C.); em Atenas, os preparativos prosseguiam há vários meses, sob a condução (oculta) de Demóstenes e Leóstenes, visando a uma insurreição estendida a todas as cidades. Dentro do império propriamente dito, muitas regiões continuavam insubmissas: na Capadócia, o dinasta Ariarate seguia reunindo tropas e constituindo um fundo de guerra; a Índia estava praticamente perdida pelos macedônios. É preciso acrescentar que a morte do rei interrompeu definitivamente os preparativos da expedição à Arábia.

As tensões e os desentendimentos se manifestavam dentro do próprio campo dos vencedores. Os chefes macedônios (salvo exceção) não tinham nenhuma intenção de prosseguir com a política iraniana de Alexandre. Os mercenários gregos de Bactriana não aceitavam ser "transplantados para o meio dos bárbaros"; os simples soldados macedônios, por sua vez, aspiravam a voltar para suas casas. Por fim, Alexandre não deixara nenhum sucessor digno dele e capaz de assumir as imensas tarefas que se apresentavam ao poder macedônio em 323 a.C. A fim, talvez, de não descontentar nenhuma grande família macedônia, Alexandre não seguira os conselhos de seus próximos que lhe haviam rogado, em vão, que casasse e tivesse filhos antes de se lançar em uma aventura tão arriscada.[1] Em junho de 323 a.C., o único Argeade presente é o meio-irmão de Alexandre, Arridaio, infelizmente acometido de uma deficiência mental cuja natureza e gravidade continuam sendo uma incógnita.[2] Roxana estava grávida; porém muitos macedônios não estavam dispostos a confiar a sucessão a uma criança nascida de uma iraniana. De uma forma ou de outra, o problema da regência iria se apresentar. Os principais generais de Alexandre estavam prontos a se entredevorar e se apropriar do poder. Agindo sob diversos pontos de vista como herdeiro

---

1. Ver o artigo de E. Baynham no *Rheinische Museum*, 141, 1998, p. 141-152 e as observações de E. Carney, *Women and monarchy in Macedonia*, 2000, p. 97-100.

2. A nota apresentada recentemente sobre o personagem por E. Carney (*Ancient History Bulletin*, 15/2, 2000, p. 63-89) é particularmente bem-vinda.

dos aquemênidas, Alexandre introduziu assim os agentes que levariam ao desmembramento e ao fim do império pacientemente construído a partir de Ciro.

ORIENTAÇÕES BIBLIOGRÁFICAS

1. Sites

Existe um grande número de sites dedicados a Alexandre, o Grande, mas o valor deles é muito desigual: ver http://hum.ucalgary.ca/wheckel/ (ed. W. Heckel). Sobre o mundo aquemênida, consulte-se http://www.achemenet.com (ed. P. Briant).

2. Fontes literárias: textos e comentários

Fragmentos: F. Jacoby, *Die Fragmente der griechischer Historicker*, HB, Leiden, 1926, p. 618-828 (texto grego sem tradução); C. A. Robinson, *The history of Alexander the Great.* I: *A translation of the extant fragments*, Providence, 1953 (tradução inglesa apenas); J. Auberger, *Historiens d'Alexandre*, Paris, Les Belles Lettres, 2001 (texto grego, trad. franc.); F. Jacoby, *Die Fragmente, IIB (Kommentar)*, Leiden, 1962, p. 403-542; L. Pearson, *The lost histories of Alexander th Great*, Nova York e Londres, 1960; P. Pedech, *Historiens compagnons d'Alexandre*, Paris, 1984; N. G. L. Hammond, *Collected Studies*, III, Amsterdam, 1994, p. 27-43.

Arriano: *Anabase* (trad. franc. P. Savinel, Paris, Éd. de Minuit, 1984); *Inde* (trad. franc. de P. Chantraine, Paris, CUF, 1927); A. B. Bosworth, *A historical commentary on Arrian's History of Alexander*, I-II, Oxford, 1980, 1995; Id., *From Arrian to Alexander*, Oxford, 1988; H. Tonnet, *Recherches sur Arrien. Sa personnalité et ses écrits atticistes*, I-II, Amsterdam, 1988;P. Vidal-Naquet, Flavius Arrien entre deux mondes, em *Arrien, Histoire d'Alexandre* (trad. P. Savinel), Paris, Éditions de Minuit, 1984, p. 311-394.

Justino: *Abrégé des histoires philippiques* (trad. franc. E.-L. Chambry, Paris. Classiques Garnier, 1936); J. C. Yardley e W. Heckel, *Justin, Epitome, Books 11-12: Alexander the Great*, Oxford, 1997.

Diodoro da Sicília: *Bibliothèque historique*, livro XVII (trad. franc. P. Goukowsky, Paris, CUF, 1976).

Plutarco: *Alexandre* (trad. franc. R. Flacelière e E. L. Chambry, Paris, CUF, 1975); J. R. Hamilton, *Plutarch, Alexander. A Commentary*, Oxford, 1969.

Quinto Cúrcio: *Histoire d'Alexandre* (trad. franc. H. Bardon, Paris, CUF, I-II, 1961); A. T. Atkinson, *A commentary on Q. Curtius Rufus' historiae Alexandri Magni, Books 3 and 4*, Amasterdam, 1980; *Books 5 to 7*, 2, Amsterdam, 1994; E. Baynham, *Alexander the Great. The unique history of Quintus Curtius*, Ann Arbor, 1998.

Romance de Alexandre: G. Bounoure – B. Serret, Pseudo-Callistène. *Le roman d'Alexandre. La vie et les hauts faits d'Alexandre de Macédonie*, traduzido e comentado por –, Paris, Les Belles Lettres (col. "La roue à livres"), 1992. – C. Jouanno, *Naissance et métamorphoses du "Roman d"alexandre"*, Paris, CNRS Éditions, 2002.

3. Fontes epigráficas, numismáticas, iconográficas

Inscrições gregas: os documentos epigráficos da Ásia Menor são editados e estudados por A. J. Heisserer, *Alexander the Great and the Greeks. The epigraphical evidence*, Norman, 1980; sobre a epigrafia macedônia, ver as crônicas anuais de M. Hatzopoulos no *Bulletin épigraphique de la REG*, e seu corpus *Macedonian Insitutions under the Kings*, Atenas-Paris, II, 1996.

Tabuletas cuneiformes: A. J. Sachs e H. Hunger, *Astronomical diaries and related texts from Babylonia*, I, Viena, 1988, p. 165-219; P. Bernard, *BCH*, 1990, p. 513-528; A. Kuhrt, *AchHist.*, V, 1991, p. 121-130; R. Van der Spek, *AchHist.*, XII, 2003, p. 289-346.

Cunhagens: G. Le Rider, *Alexandre le Grand. Monnaie, finance, politique*, Paris, PUF, 2003; F. L. Holt, *Alexander the Great and the mystery of Elephant medallions*, University of california Press, 2003.

Iconografia: T. Hölscher, *Griechische Historienbilder des 5. und 4. Jahrhunderts v. Chr.*, Wursburg, 1973, p. 122-223; A. Stewart, *Faces of power. Alexander's image and Hellenistic politics*, Univ. of California Press, 1993; Catálogo *Alessandro Magno. Storia e mito*, Roma, 1995; F. Smith, *L'immagine di Alessandro il Grande sulle monete del regno (336-323 a.C.)*, Milão, Ed. Ennere, 2000.

Mosaico de Nápoles: A. Cohen, *The Alexander mosaic*, Cambridge, 1997; M. Pfommer, *Untersuchungen zur Chronologie und Komposition des Alexandermosaiks*, Mainz am Rhein, Ph. von Zaber, 1998; K. Stähler, *Das Alexandermosaik*, Frankfurt, Fischer

Verlag, 1999; P. Moreno, Apelle. *La bataille d'Alexandre*, trad. franc., Milão, Skira, 2001.

4. Estados da questão

ANDREOTTI, R. *Historia*, I (1950), p. 583-600; *Historia*, 5 (1956), p. 257-302; Saeculum, 8 (1957), p. 120-161.

BADIAN, E. *The Classical World*, 65 (1971), p. 37-56 e 77-83, e seu estudo em *Alexandre le Grand. Image et réalité*, Genebra (1976), p. 279-303.

CARLSEN, J. Alexander the Great (1970-1990), em *Alexander the Great. Reality and Myth*, Roma (1993), p. 41-52.

DEMANDT, A. *Archiv für Kulturgeschichte* 54 (1972), p. 325-363.

GOUKOWSKY, P. *REG* 96 (1983), p. 225-241.

HAMPL, F. *La Nouvelle Clio*, 6 (1954), p. 91-136.

JAHNE, A. *Jahrbuch für Wirtschaftgeschichte* (1978), p. 245-264.

SEIBERT, J., *Alexander der Grosse* (Esträge der Forschung, 10), Darmstadt, 1972.

WALSER, G. *Schweizer Beiträge z. Allgemeinen Geschichte* 15 (1956), p. 156-189.

5. Escolha de monografias e coletâneas especializadas

Alexandre le Grand. Image et réalité, Entretiens sur l'Antiquité classique XXII, Genebra, 1976.

BERVE, H. *Das Alexanderreich auf prosopographischer Grundlage*, I-II, Munique, 1926.

BOSWORTH, A. B. *Conquest and Empire. The reign of Alexander the Great*, Oxford, 1988.

BOSWORTH, A. B. *Alexander and the East. The tragedy of triumph*, Oxford, 1996.

BOSWORTH-E., J. BAYNHAM (ed.), *Alexander the Great in fact and fiction*, Oxford, 2000.

BRIANT, P. *Alexandre le Grand. De la Grèce à l'Inde*, Paris, Gallimard, "Découvertes", 2. ed., 2004.

CARLSEN J. *et al.* (ed.). *Alexander the Great. Myth and Reality*, Roma, 1993.

FRASER, P. M. *Cities of Alexander the Great*, Oxford, 1996.

HECKEL-L. W. Trittle (ed.). *Crossroads of History. The Age of Alexander*, Claremont, Regina Books, 2003.

ROISMAN, J. (ed.). *Alexander the Great: Ancient and Modern Perspectives*, Lexington, 1995.

ROISMA, J. (ed.). *Brill's Companion to Alexander the Great*, Leiden-Boston, Brill, 2003.

WORTHINGTON, I. (ed.). *Alexander the Great. A reader*, London-New York, Routledge, 2003.

6. O inimigo persa

BRIANT, P. *Histoire de l'Empire perse. De Cyrus à Alexandre*, Paris, Fayard, 1996.

BRIANT, P. *Darius, les Perses et l'empire*, Paris, Gallimard, "Découvertes", 2. ed., 2001.

BRIANT, P. *Darius dans l'ombre d'Alexandre*, Paris, Fayard, 2003.

7. Historiografia e debates: alguns marcos

BOSWORTH, A. B. A tale of two empires: Hernán Cortés and Alexander the Great, *em* Bosworth A. B. – Baynham E. J. (ed.). *Alexander the Great in fact and fiction*, Oxford UP. 2000, p. 23-49.

BOSWORTH, A. B. "Plus ça change...": Ancient Historians and their sources, *Classical Antiquity*, 22/2, 2003, p. 167-198.

BRIANT, P. Alexandre le Grand aujourd'hui, *Annuaire du Collège de France. Résumé des cours*, 103, 2003, p. 771-788; 104, 2004, p. 861-866; 105, 2005.

BRIANT, P. La tradition gréco-romaine sur Alexandre le Grand dans l'Europe moderne et contemporaine: quelques réflexions sur la permanence et l'adaptabilité des modèles interprétatifs, *em* M. Hagsma *et al.* (ed.). *The Impact of Classical Greece on European and National Identities*, Amsterdam, Gieben, 2003, p. 161-180.

BRIANT, P. "Alexandre et l'hellénisation de l'Asie": l'histoire au passé et au présent, *Studi Ellenistici*, XVI, 2005, p. 9-69.

DEMETRIOU, K. N. Historians on Macedonian Imperialism and Alexander the Great, *Journal of Modern Greek Studies*, 19, 2001, p. 23-60.

KNIPFING, J. R. German historiography and Macedonian imperialism, *American Historical Review*, 26, 1921, p. 657-671.

Coleção **L&PM** POCKET (LANÇAMENTOS MAIS RECENTES)

172.**Lucíola** – José de Alencar
173.**Antígona** – Sófocles – trad. Donaldo Schüler
174.**Otelo** – William Shakespeare
175.**Antologia** – Gregório de Matos
176.**A liberdade de imprensa** – Karl Marx
177.**Casa de pensão** – Aluísio Azevedo
178.**São Manuel Bueno, Mártir** – Unamuno
179.**Primaveras** – Casimiro de Abreu
180.**O noviço** – Martins Pena
181.**O sertanejo** – José de Alencar
182.**Eurico, o presbítero** – Alexandre Herculano
183.**O signo dos quatro** – Conan Doyle
184.**Sete anos no Tibet** – Heinrich Harrer
185.**Vagamundo** – Eduardo Galeano
186.**De repente acidentes** – Carl Solomon
187.**As minas de Salomão** – Rider Haggar
188.**Uivo** – Allen Ginsberg
189.**A ciclista solitária** – Conan Doyle
190.**Os seis bustos de Napoleão** – Conan Doyle
191.**Cortejo do divino** – Nelida Piñon
194.**Os crimes do amor** – Marquês de Sade
195.**Besame Mucho** – Mário Prata
196.**Tuareg** – Alberto Vázquez-Figueroa
197.**O longo adeus** – Raymond Chandler
199.**Notas de um velho safado** – Bukowski
200.**111 ais** – Dalton Trevisan
201.**O nariz** – Nicolai Gogol
202.**O capote** – Nicolai Gogol
203.**Macbeth** – William Shakespeare
204.**Heráclito** – Donaldo Schüler
205.**Você deve desistir, Osvaldo** – Cyro Martins
206.**Memórias de Garibaldi** – A. Dumas
207.**A arte da guerra** – Sun Tzu
208.**Fragmentos** – Caio Fernando Abreu
209.**Festa no castelo** – Moacyr Scliar
210.**O grande deflorador** – Dalton Trevisan
212.**Homem do princípio ao fim** – Millôr Fernandes
213.**Aline e seus dois namorados (1)** – A. Iturrusgarai
214.**A juba do leão** – Sir Arthur Conan Doyle
215.**Assassino metido a esperto** – R. Chandler
216.**Confissões de um comedor de ópio** – Thomas De Quincey
217.**Os sofrimentos do jovem Werther** – Goethe
218.**Fedra** – Racine / Trad. Millôr Fernandes
219.**O vampiro de Sussex** – Conan Doyle
220.**Sonho de uma noite de verão** – Shakespeare
221.**Dias e noites de amor e de guerra** – Galeano
222.**O Profeta** – Khalil Gibran
223.**Flávia, cabeça, tronco e membros** – M. Fernandes
224.**Guia da ópera** – Jeanne Suhamy
225.**Macário** – Álvares de Azevedo
226.**Etiqueta na prática** – Celia Ribeiro
227.**Manifesto do partido comunista** – Marx & Engels
228.**Poemas** – Millôr Fernandes
229.**Um inimigo do povo** – Henrik Ibsen
230.**O paraíso destruído** – Frei B. de las Casas
231.**O gato no escuro** – Josué Guimarães
232.**O mágico de Oz** – L. Frank Baum
233.**Armas no Cyrano's** – Raymond Chandler
234.**Max e os felinos** – Moacyr Scliar
235.**Nos céus de Paris** – Alcy Cheuiche
236.**Os bandoleiros** – Schiller
237.**A primeira coisa que eu botei na boca** – Deonísio da Silva
238.**As aventuras de Simbad, o marújo**
239.**O retrato de Dorian Gray** – Oscar Wilde
240.**A carteira de meu tio** – J. Manuel de Macedo
241.**A luneta mágica** – J. Manuel de Macedo
242.**A metamorfose** – Kafka
243.**A flecha de ouro** – Joseph Conrad
244.**A ilha do tesouro** – R. L. Stevenson
245.**Marx - Vida & Obra** – José A. Giannotti
246.**Gênesis**
247.**Unidos para sempre** – Ruth Rendell
248.**A arte de amar** – Ovídio
249.**O sono eterno** – Raymond Chandler
250.**Novas receitas do Anonymus Gourmet** – J.A.P.M.
251.**A nova catacumba** – Arthur Conan Doyle
252.**Dr. Negro** – Arthur Conan Doyle
253.**Os voluntários** – Moacyr Scliar
254.**A bela adormecida** – Irmãos Grimm
255.**O príncipe sapo** – Irmãos Grimm
256.**Confissões** *e* **Memórias** – H. Heine
257.**Viva o Alegrete** – Sergio Faraco
258.**Vou estar esperando** – R. Chandler
259.**A senhora Beate e seu filho** – Schnitzler
260.**O ovo apunhalado** – Caio Fernando Abreu
261.**O ciclo das águas** – Moacyr Scliar
262.**Millôr Definitivo** – Millôr Fernandes
264.**Viagem ao centro da Terra** – Júlio Verne
265.**A dama do lago** – Raymond Chandler
266.**Caninos brancos** – Jack London
267.**O médico e o monstro** – R. L. Stevenson
268.**A tempestade** – William Shakespeare
269.**Assassinatos na rua Morgue** – E. Allan Poe
270.**99 corruíras nanicas** – Dalton Trevisan
271.**Broquéis** – Cruz e Sousa
272.**Mês de cães danados** – Moacyr Scliar
273.**Anarquistas – vol. 1 – A idéia** – G.Woodcock
274.**Anarquistas – vol. 2 – O movimento** – G.Woodcock
275.**Pai e filho, filho e pai** – Moacyr Scliar
276.**As aventuras de Tom Sawyer** – Mark Twain
277.**Muito barulho por nada** – W. Shakespeare
278.**Elogio da loucura** – Erasmo
279.**Autobiografia de Alice B. Toklas** – G. Stein
280.**O chamado da floresta** – J. London
281.**Uma agulha para o diabo** – Ruth Rendell
282.**Verdes vales do fim do mundo** – A. Bivar
283.**Ovelhas negras** – Caio Fernando Abreu
284.**O fantasma de Canterville** – O. Wilde
285.**Receitas de Yayá Ribeiro** – Celia Ribeiro
286.**A galinha degolada** – H. Quiroga
287.**O último adeus de Sherlock Holmes** – A. Conan Doyle
288.**A. Gourmet** *em* **Histórias de cama & mesa** – J. A. Pinheiro Machado
289.**Topless** – Martha Medeiros
290.**Mais receitas do Anonymus Gourmet** – J. A. Pinheiro Machado

291.**Origens do discurso democrático** – D. Schüler
292.**Humor politicamente incorreto** – Nani
293.**O teatro do bem e do mal** – E. Galeano
294.**Garibaldi & Manoela** – J. Guimarães
295.**10 dias que abalaram o mundo** – John Reed
296.**Numa fria** – Bukowski
297.**Poesia de Florbela Espanca** vol. 1
298.**Poesia de Florbela Espanca** vol. 2
299.**Escreva certo** – E. Oliveira e M. E. Bernd
300.**O vermelho e o negro** – Stendhal
301.**Ecce homo** – Friedrich Nietzsche
302(7).**Comer bem, sem culpa** – Dr. Fernando Lucchese, A. Gourmet e Iotti
303.**O livro de Cesário Verde** – Cesário Verde
305.**100 receitas de macarrão** – S. Lancellotti
306.**160 receitas de molhos** – S. Lancellotti
307.**100 receitas light** – H. e Â. Tonetto
308.**100 receitas de sobremesas** – Celia Ribeiro
309.**Mais de 100 dicas de churrasco** – Leon Diziekaniak
310.**100 receitas de acompanhamentos** – C. Cabeda
311.**Honra ou vendetta** – S. Lancellotti
312.**A alma do homem sob o socialismo** – Oscar Wilde
313.**Tudo sobre Yôga** – Mestre De Rose
314.**Os varões assinalados** – Tabajara Ruas
315.**Édipo em Colono** – Sófocles
316.**Lisístrata** – Aristófanes / trad. Millôr
317.**Sonhos de Bunker Hill** – John Fante
318.**Os deuses de Raquel** – Moacyr Scliar
319.**O colosso de Marússia** – Henry Miller
320.**As eruditas** – Molière / trad. Millôr
321.**Radicci 1** – Iotti
322.**Os Sete contra Tebas** – Ésquilo
323.**Brasil Terra à vista** – Eduardo Bueno
324.**Radicci 2** – Iotti
325.**Júlio César** – William Shakespeare
326.**A carta de Pero Vaz de Caminha**
327.**Cozinha Clássica** – Sílvio Lancellotti
328.**Madame Bovary** – Gustave Flaubert
329.**Dicionário do viajante insólito** – M. Scliar
330.**O capitão saiu para o almoço...** – Bukowski
331.**A carta roubada** – Edgar Allan Poe
332.**É tarde para saber** – Josué Guimarães
333.**O livro de bolso da Astrologia** – Maggy Harrisonx e Mellina Li
334.**1933 foi um ano ruim** – John Fante
335.**100 receitas de arroz** – Aninha Comas
336.**Guia prático do Português correto – vol. 1** – Cláudio Moreno
337.**Bartleby, o escriturário** – H. Melville
338.**Enterrem meu coração na curva do rio** – Dee Brown
339.**Um conto de Natal** – Charles Dickens
340.**Cozinha sem segredos** – J. A. P. Machado
341.**A dama das Camélias** – A. Dumas Filho
342.**Alimentação saudável** – H. e Â. Tonetto
343.**Continhos galantes** – Dalton Trevisan
344.**A Divina Comédia** – Dante Alighieri
345.**A Dupla Sertanojo** – Santiago
346.**Cavalos do amanhecer** – Mario Arregui
347.**Biografia de Vincent van Gogh por sua cunhada** – Jo van Gogh-Bonger
348.**Radicci 3** – Iotti
349.**Nada de novo no front** – E. M. Remarque
350.**A hora dos assassinos** – Henry Miller
351.**Flush – Memórias de um cão** – Virginia Woolf
352.**A guerra no Bom Fim** – M. Scliar
353(1).**O caso Saint-Fiacre** – Simenon
354(2).**Morte na alta sociedade** – Simenon
355(3).**O cão amarelo** – Simenon
356(4).**Maigret e o homem do banco** – Simenon
357.**As uvas e o vento** – Pablo Neruda
358.**On the road** – Jack Kerouac
359.**O coração amarelo** – Pablo Neruda
360.**Livro das perguntas** – Pablo Neruda
361.**Noite de Reis** – William Shakespeare
362.**Manual de Ecologia** – vol.1 – J. Lutzenberger
363.**O mais longo dos dias** – Cornelius Ryan
364.**Foi bom prá você?** – Nani
365.**Crepusculário** – Pablo Neruda
366.**A comédia dos erros** – Shakespeare
367(5).**A primeira investigação de Maigret** – Simenon
368(6).**As férias de Maigret** – Simenon
369.**Mate-me por favor (vol.1)** – L. McNeil
370.**Mate-me por favor (vol.2)** – L. McNeil
371.**Carta ao pai** – Kafka
372.**Os vagabundos iluminados** – J. Kerouac
373(7).**O enforcado** – Simenon
374(8).**A fúria de Maigret** – Simenon
375.**Vargas, uma biografia política** – H. Silva
376.**Poesia reunida (vol.1)** – A. R. de Sant'Anna
377.**Poesia reunida (vol.2)** – A. R. de Sant'Anna
378.**Alice no país do espelho** – Lewis Carroll
379.**Residência na Terra 1** – Pablo Neruda
380.**Residência na Terra 2** – Pablo Neruda
381.**Terceira Residência** – Pablo Neruda
382.**O delírio amoroso** – Bocage
383.**Futebol ao sol e à sombra** – E. Galeano
384(9).**O porto das brumas** – Simenon
385(10).**Maigret e seu morto** – Simenon
386.**Radicci 4** – Iotti
387.**Boas maneiras & sucesso nos negócios** – Celia Ribeiro
388.**Uma história Farroupilha** – M. Scliar
389.**Na mesa ninguém envelhece** – J. A. Pinheiro Machado
390.**200 receitas inéditas do Anonymus Gourmet** – J. A. Pinheiro Machado
391.**Guia prático do Português correto – vol.2** – Cláudio Moreno
392.**Breviário das terras do Brasil** – Assis Brasil
393.**Cantos Cerimoniais** – Pablo Neruda
394.**Jardim de Inverno** – Pablo Neruda
395.**Antonio e Cleópatra** – William Shakespeare
396.**Tróia** – Cláudio Moreno
397.**Meu tio matou um cara** – Jorge Furtado
398.**O anatomista** – Federico Andahazi
399.**As viagens de Gulliver** – Jonathan Swift
400.**Dom Quixote** – (v. 1) – Miguel de Cervantes
401.**Dom Quixote** – (v. 2) – Miguel de Cervantes
402.**Sozinho no Pólo Norte** – Thomaz Brandolin
403.**Matadouro 5** – Kurt Vonnegut
404.**Delta de Vênus** – Anaïs Nin
405.**O melhor de Hagar 2** – Dik Browne

406.**É grave Doutor?** – Nani
407.**Orai pornô** – Nani
408(11).**Maigret em Nova York** – Simenon
409(12).**O assassino sem rosto** – Simenon
410(13).**O mistério das jóias roubadas** – Simenon
411.**A irmãzinha** – Raymond Chandler
412.**Três contos** – Gustave Flaubert
413.**De ratos e homens** – John Steinbeck
414.**Lazarilho de Tormes** – Anônimo do séc. XVI
415.**Triângulo das águas** – Caio Fernando Abreu
416.**100 receitas de carnes** – Sílvio Lancellotti
417.**Histórias de robôs:** vol. 1 – org. Isaac Asimov
418.**Histórias de robôs:** vol. 2 – org. Isaac Asimov
419.**Histórias de robôs:** vol. 3 – org. Isaac Asimov
420.**O país dos centauros** – Tabajara Ruas
421.**A república de Anita** – Tabajara Ruas
422.**A carga dos lanceiros** – Tabajara Ruas
423.**Um amigo de Kafka** – Isaac Singer
424.**As alegres matronas de Windsor** – Shakespeare
425.**Amor e exílio** – Isaac Bashevis Singer
426.**Use & abuse do seu signo** – Marília Fiorillo e Marylou Simonsen
427.**Pigmaleão** – Bernard Shaw
428.**As fenícias** – Eurípides
429.**Everest** – Thomaz Brandolin
430.**A arte de furtar** – Anônimo do séc. XVI
431.**Billy Bud** – Herman Melville
432.**A rosa separada** – Pablo Neruda
433.**Elegia** – Pablo Neruda
434.**A garota de Cassidy** – David Goodis
435.**Como fazer a guerra: máximas de Napoleão** – Balzac
436.**Poemas escolhidos** – Emily Dickinson
437.**Gracias por el fuego** – Mario Benedetti
438.**O sofá** – Crébillon Fils
439.**O "Martín Fierro"** – Jorge Luis Borges
440.**Trabalhos de amor perdidos** – W. Shakespeare
441.**O melhor de Hagar 3** – Dik Browne
442.**Os Maias (volume1)** – Eça de Queiroz
443.**Os Maias (volume2)** – Eça de Queiroz
444.**Anti-Justine** – Restif de La Bretonne
445.**Juventude** – Joseph Conrad
446.**Contos** – Eça de Queiroz
447.**Janela para a morte** – Raymond Chandler
448.**Um amor de Swann** – Marcel Proust
449.**À paz perpétua** – Immanuel Kant
450.**A conquista do México** – Hernan Cortez
451.**Defeitos escolhidos e 2000** – Pablo Neruda
452.**O casamento do céu e do inferno** – William Blake
453.**A primeira viagem ao redor do mundo** – Antonio Pigafetta
454(14).**Uma sombra na janela** – Simenon
455(15).**A noite da encruzilhada** – Simenon
456(16).**A velha senhora** – Simenon
457.**Sartre** – Annie Cohen-Solal
458.**Discurso do método** – René Descartes
459.**Garfield em grande forma (1)** – Jim Davis
460.**Garfield está de dieta** (2) – Jim Davis
461.**O livro das feras** – Patricia Highsmith
462.**Viajante solitário** – Jack Kerouac
463.**Auto da barca do inferno** – Gil Vicente
464.**O livro vermelho dos pensamentos de Millôr** – Millôr Fernandes
465.**O livro dos abraços** – Eduardo Galeano
466.**Voltaremos!** – José Antonio Pinheiro Machado
467.**Rango** – Edgar Vasques
468(8).**Dieta mediterrânea** – Dr. Fernando Lucchese e José Antonio Pinheiro Machado
469.**Radicci 5** – Iotti
470.**Pequenos pássaros** – Anaïs Nin
471.**Guia prático do Português correto – vol.3** – Cláudio Moreno
472.**Atire no pianista** – David Goodis
473.**Antologia Poética** – García Lorca
474.**Alexandre e César** – Plutarco
475.**Uma espiã na casa do amor** – Anaïs Nin
476.**A gorda do Tiki Bar** – Dalton Trevisan
477.**Garfield um gato de peso (3)** – Jim Davis
478.**Canibais** – David Coimbra
479.**A arte de escrever** – Arthur Schopenhauer
480.**Pinóquio** – Carlo Collodi
481.**Misto-quente** – Bukowski
482.**A lua na sarjeta** – David Goodis
483.**O melhor do Recruta Zero (1)** – Mort Walker
484.**Aline: TPM – tensão pré-monstrual (2)** – Adão Iturrusgarai
485.**Sermões do Padre Antonio Vieira**
486.**Garfield numa boa (4)** – Jim Davis
487.**Mensagem** – Fernando Pessoa
488.**Vendeta** *seguido de* **A paz conjugal** – Balzac
489.**Poemas de Alberto Caeiro** – Fernando Pessoa
490.**Ferragus** – Honoré de Balzac
491.**A duquesa de Langeais** – Honoré de Balzac
492.**A menina dos olhos de ouro** – Honoré de Balzac
493.**O lírio do vale** – Honoré de Balzac
494(17).**A barcaça da morte** – Simenon
495(18).**As testemunhas rebeldes** – Simenon
496(19).**Um engano de Maigret** – Simenon
497(1).**A noite das bruxas** – Agatha Christie
498(2).**Um passe de mágica** – Agatha Christie
499(3).**Nêmesis** – Agatha Christie
500.**Esboço para uma teoria das emoções** – Sartre
501.**Renda básica de cidadania** – Eduardo Suplicy
502(1).**Pílulas para viver melhor** – Dr. Lucchese
503(2).**Pílulas para prolongar a juventude** – Dr. Lucchese
504(3).**Desembarcando o diabetes** – Dr. Lucchese
505(4).**Desembarcando o sedentarismo** – Dr. Fernando Lucchese e Cláudio Castro
506(5).**Desembarcando a hipertensão** – Dr. Lucchese
507(6).**Desembarcando o colesterol** – Dr. Fernando Lucchese e Fernanda Lucchese
508.**Estudos de mulher** – Balzac
509.**O terceiro tira** – Flann O'Brien
510.**100 receitas de aves e ovos** – J. A. P. Machado
511.**Garfield em toneladas de diversão** (5) – Jim Davis
512.**Trem-bala** – Martha Medeiros
513.**Os cães ladram** – Truman Capote
514.**O Kama Sutra de Vatsyayana**
515.**O crime do Padre Amaro** – Eça de Queiroz
516.**Odes de Ricardo Reis** – Fernando Pessoa
517.**O inverno da nossa desesperança** – Steinbeck

518.**Piratas do Tietê (1)** – Laerte
519.**Rê Bordosa: do começo ao fim** – Angeli
520.**O Harlem é escuro** – Chester Himes
521.**Café-da-manhã dos campeões** – Kurt Vonnegut
522.**Eugénie Grandet** – Balzac
523.**O último magnata** – F. Scott Fitzgerald
524.**Carol** – Patricia Highsmith
525.**100 receitas de patisseria** – Sílvio Lancellotti
526.**O fator humano** – Graham Greene
527.**Tristessa** – Jack Kerouac
528.**O diamante do tamanho do Ritz** – Scott Fitzgerald
529.**As melhores histórias de Sherlock Holmes** – Arthur Conan Doyle
530.**Cartas a um jovem poeta** – Rilke
531(20).**Memórias de Maigret** – Simenon
532(4).**O misterioso sr. Quin** – Agatha Christie
533.**Os analectos** – Confúcio
534(21).**Maigret e os homens de bem** – Simenon
535(22).**O medo de Maigret** – Simenon
536.**Ascensão e queda de César Birotteau** – Balzac
537.**Sexta-feira negra** – David Goodis
538.**Ora bolas – O humor de Mario Quintana** – Juarez Fonseca
539.**Longe daqui aqui mesmo** – Antonio Bivar
540(5).**É fácil matar** – Agatha Christie
541.**O pai Goriot** – Balzac
542.**Brasil, um país do futuro** – Stefan Zweig
543.**O processo** – Kafka
544.**O melhor de Hagar 4** – Dik Browne
545(6).**Por que não pediram a Evans?** – Agatha Christie
546.**Fanny Hill** – John Cleland
547.**O gato por dentro** – William S. Burroughs
548.**Sobre a brevidade da vida** – Sêneca
549.**Geraldão (1)** – Glauco
550.**Piratas do Tietê (2)** – Laerte
551.**Pagando o pato** – Ciça
552.**Garfield de bom humor (6)** – Jim Davis
553.**Conhece o Mário?** vol.1 – Santiago
554.**Radicci 6** – Iotti
555.**Os subterrâneos** – Jack Kerouac
556(1).**Balzac** – François Taillandier
557(2).**Modigliani** – Christian Parisot
558(3).**Kafka** – Gérard-Georges Lemaire
559(4).**Júlio César** – Joël Schmidt
560.**Receitas da família** – J. A. Pinheiro Machado
561.**Boas maneiras à mesa** – Celia Ribeiro
562(9).**Filhos sadios, pais felizes** – R. Pagnoncelli
563(10).**Fatos & mitos** – Dr. Fernando Lucchese
564.**Ménage à trois** – Paula Taitelbaum
565.**Mulheres!** – David Coimbra
566.**Poemas de Álvaro de Campos** – Fernando Pessoa
567.**Medo e outras histórias** – Stefan Zweig
568.**Snoopy e sua turma (1)** – Schulz
569.**Piadas para sempre (1)** – Visconde da Casa Verde
570.**O alvo móvel** – Ross Macdonald
571.**O melhor do Recruta Zero (2)** – Mort Walker
572.**Um sonho americano** – Norman Mailer
573.**Os broncos também amam** – Angeli
574.**Crônica de um amor louco** – Bukowski
575(5).**Freud** – René Major e Chantal Talagrand
576(6).**Picasso** – Gilles Plazy
577(7).**Gandhi** – Christine Jordis
578.**A tumba** – H. P. Lovecraft
579.**O príncipe e o mendigo** – Mark Twain
580.**Garfield, um charme de gato (7)** – Jim Davis
581.**Ilusões perdidas** – Balzac
582.**Esplendores e misérias das cortesãs** – Balzac
583.**Walter Ego** – Angeli
584.**Striptiras (1)** – Laerte
585.**Fagundes: um puxa-saco de mão cheia** – Laerte
586.**Depois do último trem** – Josué Guimarães
587.**Ricardo III** – Shakespeare
588.**Dona Anja** – Josué Guimarães
589.**24 horas na vida de uma mulher** – Stefan Zweig
590.**O terceiro homem** – Graham Greene
591.**Mulher no escuro** – Dashiell Hammett
592.**No que acredito** – Bertrand Russell
593.**Odisséia (1): Telemaquia** – Homero
594.**O cavalo cego** – Josué Guimarães
595.**Henrique V** – Shakespeare
596.**Fabulário geral do delírio cotidiano** – Bukowski
597.**Tiros na noite 1: A mulher do bandido** – Dashiell Hammett
598.**Snoopy em Feliz Dia dos Namorados! (2)** – Schulz
599.**Mas não se matam cavalos?** – Horace McCoy
600.**Crime e castigo** – Dostoiévski
601(7).**Mistério no Caribe** – Agatha Christie
602.**Odisséia (2): Regresso** – Homero
603.**Piadas para sempre (2)** – Visconde da Casa Verde
604.**À sombra do vulcão** – Malcolm Lowry
605(8).**Kerouac** – Yves Buin
606.**E agora são cinzas** – Angeli
607.**As mil e uma noites** – Paulo Caruso
608.**Um assassino entre nós** – Ruth Rendell
609.**Crack-up** – F. Scott Fitzgerald
610.**Do amor** – Stendhal
611.**Cartas do Yage** – William Burroughs e Allen Ginsberg
612.**Striptiras (2)** – Laerte
613.**Henry & June** – Anaïs Nin
614.**A piscina mortal** – Ross Macdonald
615.**Geraldão (2)** – Glauco
616.**Tempo de delicadeza** – A. R. de Sant'Anna
617.**Tiros na noite 2: Medo de tiro** – Dashiell Hammett
618.**Snoopy em Assim é a vida, Charlie Brown! (3)** – Schulz
619.**1954 – Um tiro no coração** – Hélio Silva
620.**Sobre a inspiração poética (Íon)** e ... – Platão
621.**Garfield e seus amigos (8)** – Jim Davis
622.**Odisséia (3): Ítaca** – Homero
623.**A louca matança** – Chester Himes
624.**Factótum** – Bukowski
625.**Guerra e Paz: volume 1** – Tolstói
626.**Guerra e Paz: volume 2** – Tolstói
627.**Guerra e Paz: volume 3** – Tolstói
628.**Guerra e Paz: volume 4** – Tolstói
629(9).**Shakespeare** – Claude Mourthé

630.**Bem está o que bem acaba** – Shakespeare
631.**O contrato social** – Rousseau
632.**Geração Beat** – Jack Kerouac
633.**Snoopy: É Natal! (4)** – Charles Schulz
634(8).**Testemunha da acusação** – Agatha Christie
635.**Um elefante no caos** – Millôr Fernandes
636.**Guia de leitura (100 autores que você precisa ler)** – Organização de Léa Masina
637.**Pistoleiros também mandam flores** – David Coimbra
638.**O prazer das palavras** – vol. 1 – Cláudio Moreno
639.**O prazer das palavras** – vol. 2 – Cláudio Moreno
640.**Novíssimo testamento: com Deus e o diabo, a dupla da criação** – Iotti
641.**Literatura Brasileira: modos de usar** – Luís Augusto Fischer
642.**Dicionário de Porto-Alegrês** – Luís A. Fischer
643.**Clô Dias & Noites** – Sérgio Jockymann
644.**Memorial de Isla Negra** – Pablo Neruda
645.**Um homem extraordinário e outras histórias** – Tchékhov
646.**Ana sem terra** – Alcy Cheuiche
647.**Adultérios** – Woody Allen
648.**Para sempre ou nunca mais** – R. Chandler
649.**Nosso homem em Havana** – Graham Greene
650.**Dicionário Caldas Aulete de Bolso**
651.**Snoopy: Posso fazer uma pergunta, professora? (5)** – Charles Schulz
652(10).**Luís XVI** – Bernard Vincent
653.**O mercador de Veneza** – Shakespeare
654.**Cancioneiro** – Fernando Pessoa
655.**Non-Stop** – Martha Medeiros
656.**Carpinteiros, levantem bem alto a cumeeira & Seymour, uma apresentação** – J.D.Salinger
657.**Ensaios céticos** – Bertrand Russell
658.**O melhor de Hagar 5** – Dik e Chris Browne
659.**Primeiro amor** – Ivan Turguêniev
660.**A trégua** – Mario Benedetti
661.**Um parque de diversões da cabeça** – Lawrence Ferlinghetti
662.**Aprendendo a viver** – Sêneca
663.**Garfield, um gato em apuros (9)** – Jim Davis
664.**Dilbert 1** – Scott Adams
665.**Dicionário de dificuldades** – Domingos Paschoal Cegalla
666.**A imaginação** – Jean-Paul Sartre
667.**O ladrão e os cães** – Naguib Mahfuz
668.**Gramática do português contemporâneo** – Celso Cunha
669.**A volta do parafuso** *seguido de* **Daisy Miller** – Henry James
670.**Notas do subsolo** – Dostoiévski
671.**Abobrinhas da Brasilônia** – Glauco
672.**Geraldão (3)** – Glauco
673.**Piadas para sempre (3)** – Visconde da Casa Verde
674.**Duas viagens ao Brasil** – Hans Staden
675.**Bandeira de bolso** – Manuel Bandeira
676.**A arte da guerra** – Maquiavel
677.**Além do bem e do mal** – Nietzsche
678.**O coronel Chabert** *seguido de* **A mulher abandonada** – Balzac
679.**O sorriso de marfim** – Ross Macdonald
680.**100 receitas de pescados** – Sílvio Lancellotti
681.**O juiz e seu carrasco** – Friedrich Dürrenmatt
682.**Noites brancas** – Dostoiévski
683.**Quadras ao gosto popular** – Fernando Pessoa
684.**Romanceiro da Inconfidência** – Cecília Meireles
685.**Kaos** – Millôr Fernandes
686.**A pele de onagro** – Balzac
687.**As ligações perigosas** – Choderlos de Laclos
688.**Dicionário de matemática** – Luiz Fernandes Cardoso
689.**Os Lusíadas** – Luís Vaz de Camões
690(11).**Átila** – Éric Deschodt
691.**Um jeito tranqüilo de matar** – Chester Himes
692.**A felicidade conjugal** *seguido de* **O diabo** – Tolstói
693.**Viagem de um naturalista ao redor do mundo** – vol. 1 – Charles Darwin
694.**Viagem de um naturalista ao redor do mundo** – vol. 2 – Charles Darwin
695.**Memórias da casa dos mortos** – Dostoiévski
696.**A Celestina** – Fernando de Rojas
697.**Snoopy: Como você é azarado, Charlie Brown! (6)** – Charles Schulz
698.**Dez (quase) amores** – Claudia Tajes
699(9).**Poirot sempre espera** – Agatha Christie
700.**Cecília de bolso** – Cecília Meireles
701.**Apologia de Sócrates** *precedido de* **Êutifron** e *seguido de* **Críton** – Platão
702.**Wood & Stock** – Angeli
703.**Striptiras (3)** – Laerte
704.**Discurso sobre a origem e os fundamentos da desigualdade entre os homens** – Rousseau
705.**Os duelistas** – Joseph Conrad
706.**Dilbert (2)** – Scott Adams
707.**Viver e escrever** (vol. 1) – Edla van Steen
708.**Viver e escrever** (vol. 2) – Edla van Steen
709.**Viver e escrever** (vol. 3) – Edla van Steen
710(10).**A teia da aranha** – Agatha Christie
711.**O banquete** – Platão
712.**Os belos e malditos** – F. Scott Fitzgerald
713.**Libelo contra a arte moderna** – Salvador Dalí
714.**Akropolis** – Valerio Massimo Manfredi
715.**Devoradores de mortos** – Michael Crichton
716.**Sob o sol da Toscana** – Frances Mayes
717.**Batom na cueca** – Nani
718.**Vida dura** – Claudia Tajes
719.**Carne trêmula** – Ruth Rendell
720.**Cris, a fera** – David Coimbra
721.**O anticristo** – Nietzsche
722.**Como um romance** – Daniel Pennac
723.**Emboscada no Forte Bragg** – Tom Wolfe
724.**Assédio sexual** – Michael Crichton
725.**O espírito do Zen** – Alan W.Watts
726.**Um bonde chamado desejo** – Tennessee Williams
727.**Como gostais** *seguido de* **Conto de inverno** – Shakespeare
728.**Tratado sobre a tolerância** – Voltaire
729.**Snoopy: Doces ou travessuras? (7)** – Charles Schulz
730.**Cardápios do Anonymus Gourmet** – J.A. Pinheiro Machado
731.**100 receitas com lata** – J.A. Pinheiro Machado

732.**Conhece o Mário?** vol.2 – Santiago
733.**Dilbert (3)** – Scott Adams
734.**História de um louco amor** *seguido de* **Passado amor** – Horacio Quiroga
735(11).**Sexo: muito prazer** – Laura Meyer da Silva
736(12).**Para entender o adolescente** – Dr. Ronald Pagnoncelli
737(13).**Desembarcando a tristeza** – Dr. Fernando Lucchese
738.**Poirot e o mistério da arca espanhola & outras histórias** – Agatha Christie
739.**A última legião** – Valerio Massimo Manfredi
740.**As virgens suicidas** – Jeffrey Eugenides
741.**Sol nascente** – Michael Crichton
742.**Duzentos ladrões** – Dalton Trevisan
743.**Os devaneios do caminhante solitário** – Rousseau
744.**Garfield, o rei da preguiça (10)** – Jim Davis
745.**Os magnatas** – Charles R. Morris
746.**Pulp** – Charles Bukowski
747.**Enquanto agonizo** – William Faulkner
748.**Aline: viciada em sexo (3)** – Adão Iturrusgarai
749.**A dama do cachorrinho** – Anton Tchékhov
750.**Tito Andrônico** – Shakespeare
751.**Antologia poética** – Anna Akhmátova
752.**O melhor de Hagar 6** – Dik e Chris Browne
753(12).**Michelangelo** – Nadine Sautel
754.**Dilbert (4)** – Scott Adams
755.**O jardim das cerejeiras** *seguido de* **Tio Vânia** – Tchékhov
756.**Geração Beat** – Claudio Willer
757.**Santos Dumont** – Alcy Cheuiche
758.**Budismo** – Claude B. Levenson
759.**Cleópatra** – Christian-Georges Schwentzel
760. **Revolução Francesa** – Frédéric Bluche, Stéphane Rials e Jean Tulard
761.**A crise de 1929** – Bernard Gazier
762.**Sigmund Freud** – Edson Sousa e Paulo Endo
763.**Império Romano** – Patrick Le Roux
764.**Cruzadas** – Cécile Morrisson
765.**O mistério do Trem Azul** – Agatha Christie
766.**Os escrúpulos de Maigret** – Simenon
767.**Maigret se diverte** – Simenon
768.**Senso comum** – Thomas Paine
769.**O parque dos dinossauros** – Michael Crichton
770.**Trilogia da paixão** – Goethe
771.**A simples arte de matar** (vol.1) – R. Chandler
772.**A simples arte de matar** (vol.2) – R. Chandler
773.**Snoopy: No mundo da lua! (8)** – Charles Schulz
774.**Os Quatro Grandes** – Agatha Christie
775.**Um brinde de cianureto** – Agatha Christie
776.**Súplicas atendidas** – Truman Capote
777.**Ainda restam aveleiras** – Simenon
778.**Maigret e o ladrão preguiçoso** – Simenon
779.**A viúva imortal** – Millôr Fernandes
780.**Cabala** – Roland Goetschel
781.**Capitalismo** – Claude Jessua
782.**Mitologia grega** – Pierre Grimal
783.**Economia: 100 palavras-chave** – Jean-Paul Betbèze
784.**Marxismo** – Henri Lefebvre
785.**Punição para a inocência** – Agatha Christie
786.**A extravagância do morto** – Agatha Christie
787(13).**Cézanne** – Bernard Fauconnier
788.**A identidade Bourne** – Robert Ludlum
789.**Da tranquilidade da alma** – Sêneca
790.**Um artista da fome** *seguido de* **Na colônia penal e outras histórias** – Kafka
791.**Histórias de fantasmas** – Charles Dickens
792.**A louca de Maigret** – Simenon
793.**O amigo de infância de Maigret** – Simenon
794.**O revólver de Maigret** – Simenon
795.**A fuga do sr. Monde** – Simenon
796.**O Uraguai** – Basílio da Gama
797.**A mão misteriosa** – Agatha Christie
798.**Testemunha ocular do crime** – Agatha Christie
799.**Crepúsculo dos ídolos** – Friedrich Nietzsche
800.**Maigret e o negociante de vinhos** – Simemon
801.**Maigret e o mendigo** – Simenon
802.**O grande golpe** – Dashiell Hammett
803.**Humor barra pesada** – Nani
804.**Vinho** – Jean-François Gautier
805.**Egito Antigo** – Sophie Desplancques
806(14).**Baudelaire** – Jean-Baptiste Baronian
807.**Caminho da sabedoria, caminho da paz** – Dalai Lama e Felizitas von Schönborn
808.**Senhor e servo e outras histórias** – Tolstói
809.**Os cadernos de Malte Laurids Brigge** – Rilke
810.**Dilbert (5)** – Scott Adams
811.**Big Sur** – Jack Kerouac
812.**Seguindo a correnteza** – Agatha Christie
813.**O álibi** – Sandra Brown
814.**Montanha-russa** – Martha Medeiros
815.**Coisas da vida** – Martha Medeiros
816.**A cantada infalível** *seguido de* **A mulher do centroavante** – David Coimbra
817.**Maigret e os crimes do cais** – Simenon
818.**Sinal vermelho** – Simenon
819.**Snoopy: Pausa para a soneca (9)** – Charles Schulz
820.**De pernas pro ar** – Eduardo Galeano
821.**Tragédias gregas** – Pascal Thiercy
822.**Existencialismo** – Jacques Colette
823.**Nietzsche** – Jean Granier
824.**Amar ou depender?** – Walter Riso
825.**Darmapada: A doutrina budista em versos**
826.**J'Accuse...! – a verdade em marcha** – Zola
827.**Os crimes ABC** – Agatha Christie
828.**Um gato entre os pombos** – Agatha Christie
829.**Maigret e o sumiço do sr. Charles** – Simenon
830.**Maigret e a morte do jogador** – Simenon
831.**Dicionário de teatro** – Luiz Paulo Vasconcellos
832.**Cartas extraviadas** – Martha Medeiros
833.**A longa viagem de prazer** – J. J. Morosoli
834.**Receitas fáceis** – J. A. Pinheiro Machado
835.(14).**Mais fatos & mitos** – Dr. Fernando Lucchese
836.(15).**Boa viagem!** – Dr. Fernando Lucchese
837.**Aline: Finalmente nua!!!** (4) – Adão Iturrusgarai
838.**Mônica tem uma novidade!** – Mauricio de Sousa
839.**Cebolinha em apuros!** – Mauricio de Sousa
840.**Sócios no crime** – Agatha Christie
841.**Bocas do tempo** – Eduardo Galeano
842.**Orgulho e preconceito** – Jane Austen
843.**Impressionismo** – Dominique Lobstein
844.**Escrita chinesa** – Viviane Alleton
845.**Paris: uma história** – Yvan Combeau

846(15).**Van Gogh** – David Haziot
847.**Maigret e o corpo sem cabeça** – Simenon
848.**Portal do destino** – Agatha Christie
849.**O futuro de uma ilusão** – Freud
850.**O mal-estar na cultura** – Freud
851.**Maigret e o matador** – Simenon
852.**Maigret e o fantasma** – Simenon
853.**Um crime adormecido** – Agatha Christie
854.**Satori em Paris** – Jack Kerouac
855.**Medo e delírio em Las Vegas** – Hunter Thompson
856.**Um negócio fracassado e outros contos de humor** – Tchékhov
857.**Mônica está de férias!** – Mauricio de Sousa
858.**De quem é esse coelho?** – Mauricio de Sousa
859.**O burgomestre de Furnes** – Simenon
860.**O mistério Sittaford** – Agatha Christie
861.**Manhã transfigurada** – Luiz Antonio de Assis Brasil
862.**Alexandre, o Grande** – Pierre Briant
863.**Jesus** – Charles Perrot
864.**Islã** – Paul Balta
865.**Guerra da Secessão** – Farid Ameur
866.**Um rio que vem da Grécia** – Cláudio Moreno
867.**Maigret e os colegas americanos** – Simenon
868.**Assassinato na casa do pastor** – Agatha Christie
869.**Manual do líder** – Napoleão Bonaparte
870(16).**Billie Holiday** – Sylvia Fol
871.**Bidu arrasando!** – Mauricio de Sousa
872.**Desventuras em família** – Mauricio de Sousa
873.**Liberty Bar** – Simenon
874.**E no final a morte** – Agatha Christie
875.**Guia prático do Português correto – vol. 4** – Cláudio Moreno
876.**Dilbert (6)** – Scott Adams
877(17).**Leonardo da Vinci** – Sophie Chauveau
878.**Bella Toscana** – Frances Mayes
879.**A arte da ficção** – David Lodge
880.**Striptiras (4)** – Laerte
881.**Skrotinhos** – Angeli
882.**Depois do funeral** – Agatha Christie
883.**Radicci 7** – Iotti
884.**Walden** – H. D. Thoreau
885.**Lincoln** – Allen C. Guelzo
886.**Primeira Guerra Mundial** – Michael Howard
887.**A linha de sombra** – Joseph Conrad
888.**O amor é um cão dos diabos** – Bukowski
889.**Maigret sai em viagem** – Simenon
890.**Despertar: uma vida de Buda** – Jack Kerouac
891(18).**Albert Einstein** – Laurent Seksik
892.**Hell's Angels** – Hunter Thompson
893.**Ausência na primavera** – Agatha Christie
894.**Dilbert (7)** – Scott Adams
895.**Ao sul de lugar nenhum** – Bukowski
896.**Maquiavel** – Quentin Skinner
897.**Sócrates** – C.C.W. Taylor
898.**A casa do canal** – Simenon
899.**O Natal de Poirot** – Agatha Christie
900.**As veias abertas da América Latina** – Eduardo Galeano
901.**Snoopy: Sempre alerta! (10)** – Charles Schulz
902.**Chico Bento: Plantando confusão** – Mauricio de Sousa
903.**Penadinho: Quem é morto sempre aparece** – Mauricio de Sousa
904.**A vida sexual da mulher feia** – Claudia Tajes
905.**100 segredos de liquidificador** – José Antonio Pinheiro Machado
906.**Sexo muito prazer 2** – Laura Meyer da Silva
907.**Os nascimentos** – Eduardo Galeano
908.**As caras e as máscaras** – Eduardo Galeano
909.**O século do vento** – Eduardo Galeano
910.**Poirot perde uma cliente** – Agatha Christie
911.**Cérebro** – Michael O'Shea
912.**O escaravelho de ouro e outras histórias** – Edgar Allan Poe
913.**Piadas para sempre (4)** – Visconde da Casa Verde
914.**100 receitas de massas light** – Helena Tonetto
915(19).**Oscar Wilde** – Daniel Salvatore Schiffer
916.**Uma breve história do mundo** – H. G. Wells
917.**A Casa do Penhasco** – Agatha Christie
918.**Maigret e o finado sr. Gallet** – Simenon
919.**John M. Keynes** – Bernard Gazier
920(20).**Virginia Woolf** – Alexandra Lemasson
921.**Peter e Wendy** *seguido de* **Peter Pan em Kensington Gardens** – J. M. Barrie
922.**Aline: numas de colegial (5)** – Adão Iturrusgarai
923.**Uma dose mortal** – Agatha Christie
924.**Os trabalhos de Hércules** – Agatha Christie
925.**Maigret na escola** – Simenon
926.**Kant** – Roger Scruton
927.**A inocência do Padre Brown** – G.K. Chesterton
928.**Casa Velha** – Machado de Assis
929.**Marcas de nascença** – Nancy Huston
930.**Aulete de bolso**
931.**Hora Zero** – Agatha Christie
932.**Morte na Mesopotâmia** – Agatha Christie
933.**Um crime na Holanda** – Simenon
934.**Nem te conto, João** – Dalton Trevisan
935.**As aventuras de Huckleberry Finn** – Mark Twain
936(21).**Marilyn Monroe** – Anne Plantagenet
937.**China moderna** – Rana Mitter
938.**Dinossauros** – David Norman
939.**Louca por homem** – Claudia Tajes
940.**Amores de alto risco** – Walter Riso
941.**Jogo de damas** – David Coimbra
942.**Filha é filha** – Agatha Christie
943.**M ou N?** – Agatha Christie
944.**Maigret se defende** – Simenon
945.**Bidu: diversão em dobro!** – Mauricio de Sousa
946.**Fogo** – Anaïs Nin
947.**Rum: diário de um jornalista bêbado** – Hunter Thompson
948.**Persuasão** – Jane Austen
949.**Lágrimas na chuva** – Sergio Faraco
950.**Mulheres** – Bukowski
951.**Um pressentimento funesto** – Agatha Christie
952.**Cartas na mesa** – Agatha Christie
953.**Maigret em Vichy** – Simenon
954.**O lobo do mar** – Jack London
955.**Os gatos** – Patricia Highsmith
956.**Jesus** – Christiane Rancé
957.**História da medicina** – William Bynum
958.**O morro dos ventos uivantes** – Emily Brontë
959.**A filosofia na era trágica dos gregos** – Nietzsche
960.**Os treze problemas** – Agatha Christie

IMPRESSÃO:

GRÁFICA EDITORA
Pallotti
IMAGEM DE QUALIDADE

Santa Maria - RS - Fone/Fax: (55) 3220.4500
www.pallotti.com.br